나는 지는 법을
배우지 않았다

나는 지는 법을 배우지 않았다

초판 1쇄 2021년 04월 22일

기획 김도사 | **지은이** 대니 리 | **펴낸이** 송영화 | **펴낸곳** 굿위즈덤 | **총괄** 임종익

등록 제 2020-000123호 | **주소** 서울시 마포구 양화로 133 서교타워 711호

전화 02) 322-7803 | **팩스** 02) 6007-1845 | **이메일** gwbooks@hanmail.net

© 김도사, 대니리, 굿위즈덤 2021, *Printed in Korea*.

ISBN 979-11-91447-12-5 03190 | **값** 15,000원

성공은 '배우는' 것이 아니라 '하는' 것이다!

나는 지는 법을
배우지 않았다

김도사 기획 **대니 리** 지음

Winner's
Secret
Strategy

굿위즈덤

나는 과연
성공한 사람일까?

이 책을 준비하면서 처음부터 하던 생각이다. 사람들이 기대하는 성공의 모습은 과연 어떨까 하는 질문과도 닿아 있다. 책의 제목을 『나는 지는 법을 배우지 않았다』라고 했지만, 지금 돌아보니 솔직히 이긴 적이 별로 없었다. 아니, 그보다 이기고 지는 게임 자체를 한 적이 별로 없다.

운동경기를 관전하면 공교롭게도 내가 이기기를 원하는 게임들은 승률이 낮았다. 그래서 중요한 운동 시합은 잘 보지 않는다. 내가 보면 질까 하는 징크스 때문이다. 사실 이런 게임들이 승부에서 진다고 해도 나와 별로 상관은 없다. 그런데 계속 지는 걸 보면 나의 패배처럼 생각이 드는 것이다.

월드컵 게임을 보면서 목이 터져라 우리나라를 응원하지만, 열심히 뛰고도 진다면 침울해진다. 사람들 말대로 이기는 것만을 승리라고 한다면 우리는 월드컵을 볼 필요가 없다. 왜냐하면 우리나라가 1위로 승리할 확률은 너무도 낮기 때문이다.

1위를 못 한다면 과연 실패한 게임일까? 그렇지는 않을 것이다. 우리 선수들은 너무도 훌륭하게 뛰어주었다. 그렇게 훌륭한 게임의 승부에 나의 패배 의식까지 걸 필요는 없다. 좋은 게임을 그냥 즐기면 될 뿐이다.

이 책을 쓰면서 사람마다 성공의 정의가 얼마든지 다를 수 있음을 깨달았다. 게임처럼 정해진 시간에 맞춰서 하는 것이라면 주어진 시간 내의 결과로 승부를 낼 수도 있고 성공과 실패도 판가름할 수 있을 것 같다.

그렇지만 사람의 인생은 어느 주어진 기간만 갖고 그 삶의 성공 여부를 논할 수가 없다. 앞서가던 사람들도 인생을 완주한다는 보장이 없기 때문이다.

그렇다면 성공하면 행복할 거라는 일반적인 기대는 어떻게 되는 것일까? 아직 최종적으로 성공하지를 못했기 때문에 아직 행복하지 않은 것일까? 그럼 도대체 언제쯤 가야 행복하다고 선언할 수 있는 것일까?

이런 질문은 어떻게 성공을 정의하느냐에 달렸을 것이다. 필자가 입시에 번번이 낙방하던 어린 시절, 당시에는 죽고 싶을 만큼 큰 실패였다. 그런데 그렇게 힘들던 시간도 이만큼 나이를 먹고 보니 그야말로 아무것도 아니다. 오히려 그 시절이 가장 행복한 시간같이 여겨지기도 한다.

성공은 내가 지금 하는 모든 과정에 이미 깃들어 있다. 월드컵 게임을 승부에 상관없이 관전하면서 얼마든지 즐길 수 있는 것처럼, 우리의 현재는 그게 무엇이든 얼마든지 즐겁게 보낼 수 있다.

그렇다면 우리는 기간이나 결과에 상관없이 얼마든지 성공한 삶을 영위할 수 있다는 이야기가 된다. 다시 말하면 우리의 모든 게임은 '이미' 이긴 것이라고 말할 수 있을 것이다.

그렇다. 우리는 지는 법을 배운 적이 없다. 삶을 즐기는 것은 행복을 누리는 것이다. 진정한 성공의 보람이다. 부족한 책이지만 승리자로 살아가는 지침이 되기를 희망해본다.

이 책을 준비하면서 전반적인 내용을 함께 상의하고 기획해준 '한책협'의

김태광 대표 코치께 깊은 감사를 표한다. 그는 평생 몸으로 배운 책 쓰기 비법을 이번에도 따뜻한 격려와 함께 코치해 주셨다. 역시 최고의 코치임이 틀림없다. 그리고 이 책이 빛을 보도록 선정해주시고 모든 도움을 주신 굿위즈덤 여러분께 감사의 말씀을 전하고 싶다.

이번에도 동갑내기 말띠 아내, 임순임 여사는 책을 쓰는 동안 응원해준 최고의 친구였다. 꼼꼼히 원고를 읽고 많은 도움을 주었다. 아내의 격려는 늘 최고의 에너지다. 그리고 한국의 출판사와 일하는 동안 도움을 준 동생 이미희, 축하와 격려를 해준 딸 민지, 아들 정현과 함께 일하는 동료 및 페이스북 친구분들에게도 깊은 감사의 인사를 전한다.

2021년 4월

대니 리

목차

2장.

나는 지는 법을 배우지 않았다

3장.

당신의 삶에서 가장 소중한 것을
지금 하라

4장.

인생을 변화시킬 수 있는
유일한 사람은 당신이다

5장.

성공은 '배우는' 것이 아니라
'하는' 것이다

Winner's
Secret
Strategy

1장

도대체
왜 그렇게
살아야 하지?

01

사는 대로 사는
삶에서 벗어나라

매너리즘

북극 지방의 툰드라 지역에 사는 에스키모들이 모피를 얻기 위해 하는 늑대 사냥에 관한 이야기가 있다. 먹이가 부족한 계절인 겨울에 동물의 피를 묻힌 칼을 얼려 얼음이나 눈에 거꾸로 꽂아 숨겨놓으면 한참 배고픈 늑대는 그 냄새를 맡고 달려와 칼을 핥는다.

처음에는 칼날에 묻은 피만 핥지만 추운 날씨로 인해 칼날의 금속에 닿은

혀는 마비되어 칼날을 핥게 되고 결국 늑대는 혀가 베이면서 피를 흘리게 된다. 그러나 늑대는 미처 이를 깨닫지 못하고 자기가 처음 핥았던 동물의 피라고 착각해 계속 핥다가 마지막에는 과다 출혈로 죽음에 이르게 된다는 사냥법이다.

매너리즘은 사람에게 별다른 생각 없이 살도록 만든다. 그로 인해 어떤 독창성이나 창의력을 기대할 수가 없다. 처음에 진취적이었던 행보는 어느새 안이한 환경에 익숙해지면서 그냥 안주해버리는 것으로 바뀐다. 문제는 매너리즘에 빠진 사람이 스스로 그 사실을 전혀 인지하지 못한다는 데에 함정이 있다.

만약 어떤 문제에 빠진 사람 자신이 어려움에 빠진 것을 깨닫는다면 스스로 벗어나고자 노력을 하겠지만, 매너리즘에 빠진 사람은 자신이 어떤 길을 가는지에 대해 인식이 어려우므로 더 심각하다. 마치 위에서 이야기한, 죽을지도 모르고 자신의 피를 핥는 늑대의 처지와 다르지 않다.

필자도 비슷한 경험을 한 적이 있었다. 대학을 갓 졸업하고 입사했던 회사는 신규 공장을 세우고 그와 함께 새로운 제품 브랜드를 생산하기 위해 준비를 하고 있었다. 그 프로젝트를 위한 엔지니어로 입사한 나는 처음부터 많은 준비와 시험 운전, 공정 안정화에 정신없는 시간을 보내야 했다.

그즈음에 막 결혼한 신혼이었지만 제대로 퇴근 시간을 지켜 집에 들어간 적이 없을 정도로 일이 많았다. 심지어 12시간씩 맞교대로 하는 작업에도 투입되어 한동안 공정을 지켜봐야 했었다.

얼마간 시간이 지나자 그렇게 바빴던 공정도 점차 안정되기 시작했다. 특히 전 공정의 작업표준이 완성되고 안정적인 규격을 가진 제품이 생산되면서부터 눈에 띄게 업무가 한산해졌다. 아침에 출근해서는 지난밤 공정 이상 유무를 체크하고, 낮 동안 몇 번 생산 현장을 둘러보는 것 외에는 크게 일이 없었다. 더욱이 현장에는 이미 오랜 경력이 있는 사원들이 투입되어 있어 모든 것이 완벽하게 관리되어 돌아가고 있었다.

문제는 나 자신이었다. 원래도 그런 무료함을 잘 견디는 타입이 아니었다. 물론 처음에는 관계 문헌이나 특허도 뒤지면서 공부도 했지만 그것도 한계가 있었다. 비로소 그때 생산 현장의 관리체계에 대해 눈을 뜨게 된 셈이다.

공정만 안정되면 간부들은 정말 할 일이 크게 없었다. 잡담이나 하면서 소일하는 시간이 많았다. 그야말로 매너리즘의 극치였다. 물론 간혹 터지는 비상사태에는 전력을 다해 대처했지만, 자동화된 공정은 그런 일도 잦은 편이 아니었다. 그렇게 처음 몇 년을 현장부서에서 근무하면서 승진까지 하게 되었다.

이때쯤에 나는 정말 심각하게 뭔가 나를 위한 대책이 필요하다는 걸 느꼈다. 업무에는 손이 많이 갈 것이 없었기 때문에 나를 위한 특별한 프로젝트가 필요했다. 더욱이 단순 업무만 계속하다 보니까 머리도 마찬가지로 단순해져 모처럼 책을 한 권 읽어도 이해력이 현저히 떨어졌다. 나에게 어떤 변화라도 주지 않으면 그냥 머리가 석화될 것 같다는 두려움마저 일었다.

도전의 나비효과

마침 그 무렵, 정부에서는 부동산 시장의 안정화를 위한 공인중개사 시험의 도입을 발표하고 있었다. 전에 학교 재학 시절, 변리사 시험을 준비하던 경험이 있었기 때문에 공인중개사와 같은 자격증에 대한 미련도 남아 있어 도전을 한번 해보기로 생각했다.

이공계 출신으로 많은 법을 독학으로 새로이 공부해야 하는 어려움이 없지는 않았지만 결국 작정하고 오랜만에 면학 분위기로 돌아가 무난히 공인중개사 제1회 시험을 통과할 수 있었다. 실은 막상 합격은 했어도 이미 일하고 있는 직장이 있는 관계로 그 자격증을 따로 쓸 일은 없었다. 그렇지만 머리를 온전히 순환시킨 듯한 효과는 충분히 있었다.

그렇게 공인중개사 자격증의 취득을 마치고 나는 다시 일상으로 복귀하게

나는 지는 법을 배우지 않았다

되었다. 다시 지극히 평범한 나날이 반복되었다. 그렇지만 나는 이전의 내가 아니었다. 다른 점이 한 가지 있었는데 그것은 어떤 하나의 도전을 이미 해내었다는 성취감이었다. 그리고 다시는 책을 손에서 놓지 않기 위한 방법을 찾기 시작하고 있었다.

그런 생각은 나를 대학원으로 진학하는 길로 안내했다. 설사 대학원 입학시험에 합격한다 해도 일하면서 학업을 감당할 것인지 아직 아무런 대책이 없었다. 그렇지만 일단 일을 저질러 보기로 했다. 우선 할 수 있는 것부터 해보기로 했다.

그래서 그 지역에 자리 잡은 충남대학교 화공과 대학원 과정을 마음에 두고 방문해 시험 자료를 수집했다. 그리고 학교로부터 시험에 필요한 도움도 받아 시험 준비에 들어갔다. 약 5년 만에 다시 학교 시험공부를 준비하는 것이어서 쉽지 않았다. 하지만 몇 달의 철저한 준비기간을 거쳐 이번에도 대학원 입시에 무난하게 통과할 수가 있었다.

이제 진짜 문제는 막상 시험에 합격했음에도 어떻게 학교에 다닐 수 있을지 아이디어가 전혀 없었다는 것이었다. 직장인으로서 출근해야 하는 관계로 학교에 다닐 시간이 없는 게 문제였다. 단지 회사의 부서장께 보고하고 처분을 바랄 수밖에 없었다. 그런데 정말 놀랍게도 공장장님의 배려로 주중에 하루라는 수업 시간을 특별히 허락받게 되었다.

생각해보면 이런 일은 불가능한 일이었다. 하지만 또 한편 생각해보면 사람이 하는 일이니까 얼마든지 가능한 일이기도 했다. 문제는 변화에 대한 도전이었다. 나라도 만약 내 부하가 그런 도전을 하려 한다면 기꺼이 도와주려 할 것이기 때문이다.

이런 나의 도전은 나중에 나비효과처럼 일이 계속 이어지게 해주었다. 3년 만에 마친 대학원의 학위로 인해 미국회사의 매니저로 자리를 옮기게 되었고 또 그 일로 인해 우리 가족은 해외로 이주까지 하게 되었다.

그때부터 25년이라는 시간을 훌쩍 넘어, 지금 가진 나의 경력은 모두 이런 도전에서 만들어진 것이다. 그냥 안주하고 싶지 않다는 생각이 지금의 내 자리로 데려다 놓았는지도 모른다. 자기 자신을 정체시키고 있는 습관을 벗어버렸기 때문일 것이다. 그때 그냥 편안함을 택했더라면 아마 지금쯤 첫 회사에서 정년퇴직했을지도 모르겠다. 그나마 운이 좋았다면.

불어로 'joie de vivre'라는 표현은 '삶의 기쁨'이란 뜻이다. 살아 있음의 사실 자체가 바로 놀라운 일이라는 의미다. 생명은 존재만으로도 그 가치와 즐거움을 느낄 수 있다. 일상에서 느끼고 살아 있음에 감사하는 건 얼마나 보람

있는 일인지 모른다.

매너리즘으로 이런 즐거움을 기대하기 어렵다면 억지로라도 익숙한 것을 버려야 한다. 새로운 방식이 무조건 좋은 것은 아니지만 안락한 것에만 머문다면 진정한 즐거움이 없다.

작은 변화의 시도가 주는 나비효과는 분명히 삶의 기쁨으로 돌아올 것이라 믿는다.

02

더 이상 할 수 없다면
바꿔라

헌책방 탐방기

내가 앞서 쓴 책들에서도 이미 소개했지만 나는 참으로 학교 운이 없었다. 중고교의 입시가 있던 어린 성장 시절에 여러 번 낙방의 고배를 맛보곤 했다. 그래서 마음에도 없는 후기로 들어간 학교들에 다니느라 자존심이 꽤 상했었다. 하지만 그렇다고 학업을 게을리한 건 전혀 아니었다.

새 학년이 되면 필요한 참고서를 구했는데 집안 형편이 넉넉하지 않아 새

책을 팔던 서점들 대신, 대전 목척교 가까이에 있던 은행동 헌책방들은 내가 자주 다니던 곳이었다. 어머니를 조르고 졸라서 받아낸 돈 몇 푼을 가지고 가격에 맞는 책을 찾느라 그 동네의 책방들을 모두 훑곤 했다. 가능하면 가장 두꺼운 책을 골랐는데 거기에 시험 예상 문제가 많아 공부하기 좋아서였을 것이다.

이런 중고 책방을 돌아다니면 책 냄새가 참으로 좋았다. 이때 처음 알게 된 여러 종류의 책들이 있었는데 그중에 영어 참고서류나 잡지들, 영문 소설들이 있었다. 누가 학과에 대한 정보를 주기도 전에 어떤 참고서가 좋은지 대충 감으로 잡아낼 수 있었다. 아마도 그때가 내게 호기심이 많다는 것을 발견한 때였을 것이다. 그렇게 발견한 헌책들 때문에 정신이 꽤 팔려 있었다.

그중에서 고2 무렵 초에 당시 영어 참고서로는 가장 많이 알려진 『정통 종합영어』라는 책을 발견해서 2학년 겨울 방학이 끝날 무렵엔 이미 3번이나 독학으로 떼기도 했었다. 그리고 그 외에도 학교 친구들은 알지도 못한 책들을 혼자 많이 공부하고 있었다. 또 당시에 가장 고급과정인 『왕도』나 『1200제』 등의 영어 교재를 구해보기도 했고 수학 과목에도 가장 어려운 문제집들을 구해 풀었다.

대학으로 진학해서는 당시에는 아는 사람이 드물던 TOEFL이나 GRE도

공부했었다. 1974~1976년경에는 지금처럼 유학이 보편화되어 있지 않아 이런 서적을 알아보는 사람이 드물었지만, 헌책방을 뒤지던 나의 안테나에 걸려 운이 좋게 내가 미리 공부를 할 수 있었다. 그렇게 구한 책들은 군에 있는 동안에도 몇 번씩이나 공부하는 중요한 동반자가 되었다.

내가 왜 이렇게 헌책방에 관한 이야기를 하는가 하면 바로 이곳이 당시 내게 주어진 막다른 골목이었던 답답한 환경을 긍정적으로 해결하던 장소였기 때문이었다. 원하는 학교로 진학도 못 하고 또 넉넉하지 못한 집안 형편으로 호기심 많았던 나를 달랠 수 있던 곳이 바로 그곳이었다. 그 덕분에 남들이 미처 못 하던 과정들을 스스로 깨우칠 수 있었다.

그뿐만 아니라 세상에 대한 정보를 얻기도 했다. 부족한 영어 실력이었지만 열심히 읽었고, 게다가 이때 만났던 중고 잡지들은 가격도 적당했다. 지난 가이드 포스트, 타임, 뉴스위크 등이 가장 편리한 세상을 향한 창구이기도 했다.

또 책이란 것이 사람의 삶에 중요한 자원이 될 수 있음도 배웠다. 학교에선 배울 수 없었던 신세계를 아이러니컬하게도 헌책방에서 만났다. 비록 어떤 문제에 대한 꼭 맞는 답을 당장 구할 수는 없더라도 책들로 둘러싸여있기만 하여도 솟아나는 아이디어를 느낄 수 있었다. 나중에 직장에 다니면서 수입이 생겨 새 책방을 대신 다니긴 했어도 어떤 느낌이 필요할 때는 여전히 그곳을 들리곤 했다.

나를 바꿔야 할 때

우리가 변화를 도모하지 않으면 안 될 때는 과연 어떤 때일까? 우리 삶에 돌파구를 찾지 않으면 안 되는 그런 때의 상황이 온다면 우린 어떻게 해야 할 것인가? 이미 작고한 이건희 전 삼성전자 회장이 1993년 독일 프랑크푸르트에서 신경영을 선포하며 한 말은 당시 그가 가진 절박함을 그대로 표현하고 있다.

"국제화 시대에 변하지 않으면 영원히 이류나 2.5류가 될 것입니다. 지금처럼 잘해봐야 1.5류입니다. 마누라와 자식 빼고 다 바꿉시다."

"뛸 사람은 뛰어라. 바삐 걸을 사람은 걸어라. 말리지 않는다. 걷기 싫으면 놀아라. 안 내쫓는다. 그러나 남의 발목은 잡지 말고 가만히 있어라. 왜 앞으로 가려는 사람을 옆으로 돌려놓는가?"

"출근부 찍지 마라. 없애라. 집이든 어디에서든 생각만 있으면 된다. 구태여 회사에서만 할 필요 없다. 6개월 밤을 새워서 일하다가 6개월 놀아도 좋다.

논다고 평가하면 안 된다. 놀아도 제대로 놀아라."

나는 당시 한 미국 회사에서 근무하고 있었다. 문화가 다른 미국계로 옮겨 다른 세상을 보고 싶었던 마음 때문이었을 것이다. 그런 식으로 이미 한국과 미국 회사를 경험해본 나에게 이건희 회장이 말한 내용은 상당히 파격적이었다. 이런 사고는 당시의 한국의 직장 문화에서는 전혀 없었기 때문이다.

무언가를 바꾼다는 것은 큰 변화를 의미하는 것이다. 하물며 나를 바꾸는 일은 그 동기나 시작부터 어떤 강력한 전기가 없다면 거의 불가능할지도 모르겠다. 더욱이 자신이 정말 잘나가고 있을 때는 그런 시도가 매우 어렵다. 변화의 필요를 전혀 알지 못하기 때문이다.

지금으로부터 몇 년 전, 그동안 내가 하던 일이 모두 어그러져 나 혼자 남아 홀로서기를 다시 해야 했을 때, 나는 그런 개혁적인 변화를 시도했다. 그 외에는 달리 처방이 없었다. 어디 딱히 조언을 얻기 위해 물어볼 만한 곳도 없어 홀로 모든 걸 검토하고 결정해야 했다.

이때 내가 사용한 방법은 독서와 생각을 기록하고 적어나가던 노트 메모가 전부였다. 할 일이 없어 남는 시간에 눈에 보이는 대로 책을 읽었다. 먼저 마음을 다스리고 안정시키는 일이 우선이었다. 나보다 앞서 실패를 경험하고

나는 지는 법을 배우지 않았다

딛고 나아갔던 사람들이 남긴 지혜를 책에서 찾았다. 결국 이런 시도는 비교적 빠르게 회복하는 기회가 되었다.

책은 우리가 가는 길에 만나게 되는 수많은 질문에 답을 제시하고 또 생각지 못한 지혜를 나눠준다. 사람들은 간혹 정작 지혜나 조언이 필요할 때 전혀 경험이 없는 엉뚱한 곳에서 답을 찾곤 한다. 이는 필패의 잘못을 범하는 것이다. 차라리 이런 때에는 책이 정말 좋은 조언자가 될 수 있다.

요즘 내가 좋아하는 책들은 자기 계발 서적들이다. 어떤 사람들은 자기 계발 쪽의 책들은 쳐다보지도 않는다고 하지만 난 그와 정반대이다. 어쩌다 서점에 들러 책을 둘러보아도 제일 먼저 살펴보는 분야가 바로 이쪽이다.

그리고 사람들이 펴내는 그들만의 체험기를 좋아한다. 이런저런 시도를 통해 사람들이 달라지는 모습을 보는 게 흥미롭다. 이런 책들은 나이와 상관없이 지금도 나를 흥분하게 한다. 세상은 온통 코비드(COVID19)로 인해 야단이지만 그 가운데서도 많은 일들이 다양하게 돌아가고 있는 걸 보면 정말 신기하다.

지금이야말로 변화의 때임이 분명하다.

03

열등감을 가지고
사는 이유

도대체 왜 열등감이…

남과 비교하여 그보다 못하다고 자기 자신을 끊임없이 비하하는 생각이 바로 열등감이다. 바로 다른 사람에 비해 자신이 현저히 뒤떨어졌다거나 능력이 부족하다고 생각하는 의식이다. 어떤 사람들은 자신의 존재감을 계속 남과 비교하는 가운데 찾으려고 하지만 이렇게 할 경우, 자신을 부정함으로써 스스로 무능하고 무가치한 존재로 여기게 만든다.

나는 지는 법을 배우지 않았다

아마도 사람들이 갖는 열등감의 가장 큰 이유는 먼저 신체적인 이유가 있지 않을까? 바로 다른 사람들보다 자신의 외모가 현저히 뒤떨어져 있다고 느끼는 때일 것이다.

전에 같이 일하던 직장 동료 가운데 SKY 출신의 엔지니어가 있었는데 그는 정말 똑똑한 인재였다. 평소에 그는 벗어진 머리 때문에 가발을 쓰고 다녔는데 어느 날 그의 어린 딸이 엘리베이터에서 다른 사람에게 자기 아빠가 대머리라고 말하는 걸 듣고 불같이 화를 내는 걸 보았다. 어린아이에게 뭘 그렇게까지 화를 내느냐고 했더니 팔 하나 없는 사람에게 팔 병신이라고 놀리면 기분이 어떻겠느냐고 되물어왔다. 그는 대머리라는 말을 듣는 것을 그와 같은 정도의 조롱거리로 인식하고 있었다.

나로서도 그 정도의 상처일 줄은 미처 몰랐다. 당연히 다시는 머리로 하는 농담은 하지 않게 되었다. 그처럼 명석해 남의 부러움을 받는 사람도 그런 열등감 때문에 지옥 같은 상처를 앓고 있음을 알 수 있었다.

그다음은 정신적인 열등감이다. 역시 자신의 외모가 예쁘지 않다, 잘생기지 않았다 등의 생각으로부터 비롯된다. 필자가 아는 목사 한 분은 정말 공부도 많이 하고 또 사람들에게서 칭송을 많이 받는 분이었는데 언젠가 자신의 열등감을 지나가는 말로 털어놓은 적이 있었다.

그는 자신의 머리가 남들보다 너무 크다고 생각하고 있었다. 전혀 그런 모습이 아니었는데도 어떻게 그런 생각을 했는지 모를 일이다. 아마도 어릴 적에 친구들에게 놀림을 받은 기억 때문이 아니었을까 하는 생각이 들었다.

학교 성적 같은 것도 사람들의 열등감을 느끼게 하는 큰 요인 중의 하나이다. 필자도 예전 입시에 수없이 떨어져 마음고생을 많이 하며 그로 인해 세상을 피해 살았던 아픈 기억이 있다.

마지막으로는 사회적 요인이 있을 수 있는데 사회의 다양한 상황 가운데서 열등감을 느낄 수 있다. 일반적으로 인종, 신분에 의한 차별, 언어나 빈곤 등이 있을 수 있는데 필자의 경우는 미국의 메이저 보험사에 매니저로 일하면서도 초기에 언어로 인한 열등감이 매우 컸다.

발표를 많이 해야 할 위치에서 영어로 말하는 걸 극히 꺼리다가 받은 불이익도 적지 않았다. 지금은 내가 하는 말을 필요한 상대방이 알아서 들으라고 하는 배짱으로 밀어붙이지만, 초기에는 정말 힘든 일이 많았다.

사실 열등감은 누구에게나 생길 수 있는 감정이다. 앞서 예를 든 엔지니어나 목사님만 하더라도 남들에겐 존경의 대상이지만 정작 본인에겐 그런 게 아무 상관이 없는 것이다.

나는 지는 법을 배우지 않았다

열등감이란 성장하는 과정에서 타인과 나를 비교해보는 과정에서 자연스럽게 만들어지는 감정이다. 따라서 자신의 콤플렉스와 관련하여 누구에게나 한두 가지 정도는 자연스럽게 있을 수밖에 없다. 관점을 달리해서 보면 단지 정도의 차이만 있을 뿐, 그런 게 없는 사람은 없는데 유독 자신만 더욱 크게 느끼고 힘들어하는 것이다.

열등감 넘어서기

열등감 때문에 결국 가장 힘든 사람은 결국 자기 자신이다. 계속 자존감에 생채기가 날 것이고, 종국에는 자신을 아무것도 아닌 존재로 비하해버리게 된다. 어떻게든 이 열등감을 넘어서지 않으면 그 정신적 부담은 계속 트라우마로 남게 될 것이다.

열등감을 넘고자 하는 시도는 자신의 존재를 제대로 보는 일에서 출발을 해야 한다. 비록 스스로 보기에는 메뚜기 같았던 이스라엘 민족이었지만 주위의 팔레스타인 사람들에겐 이들이야말로 하나님이 함께하는, 그야말로 겁나는 민족임을 깨닫는 과정과 유사하다. 그들은 자신의 존재를 제대로 보지 못하는 큰 어리석음을 범하고 있었다.

모세가 12명의 정탐꾼을 보냈을 때, 후에 돌아와 보고한 11명은 현지인들과 비교했을 때 자신들의 모습이 흡사 메뚜기와 같았다고 기술하고 있다. 그들은 자신들이 정탐한 땅들 위에 팽배해 있던, 이스라엘 민족에 대한 그곳 사람들의 두려움을 미처 알지 못했다. 그러므로 자신들은 마치 메뚜기와 같았노라고 넋두리를 하는 것이다.

자신의 존재를 돌아보는 과정에서는 나에 대해 깨닫는 것이 가장 중요하다. 열등감이 뭉쳐 있는 불행한 자신이 아닌, 객관적인 자신의 모습에서 나라는 존재의 가치를 찾아 제삼자의 눈으로 바라보는 일이다.

필자는 열등감이 들어올 때면 내가 소유하고 있는 것들, 누리고 있는 것들, 지난 세월 동안 이룬 것들을 노트에 전부 적어 보았다. 그렇게 하다 보면 그때까지도 내가 미처 깨닫지 못한 수많은 성취를 발견할 수 있었다. 그렇게 많은 성취를 놔두고 미처 이루지 못한 한두 가지 일들 때문에 항상 속상해하고 자신을 스스로 멍청이라고 부른 날들이 많았음을 알 수 있었다.

심리학의 전문가들은 자신의 열등감을 유발하는 원인에 대해 생각해보라고 권한다. 왜 그런 열등감을 느끼게 되었는지 그 원인을 정확하게 파악해보는 것이다. 이럴 때는 뒤로 숨지 말고 노출되는 콤플렉스를 바로 대면해 있는 그대로 보는 용기가 필요하다. 그 원인을 살펴보면 열등감의 원인이 단지 나만의 기우에 의한 것인지 편견 때문에 생긴 것인지도 구분할 수 있게 된다.

이때 만약 어떤 과거의 상처로 인해 생긴 열등감이라면 개선을 향한 계획을 세울 수 있다. 그리고 그것을 이겨낸 즐거운 모습을 생각해보면 효과적이다. 내가 진정 원하는 것이 무엇인지 파악하고 그것을 얻기 위해 나아가는 과정은 자신감과 자존감의 회복으로 이어질 것이다.

이 과정에서 자기가 가진, 그간 미처 깨닫지 못한 긍정적인 장점들을 찾아보면 많은 도움이 된다. 그동안 자신의 부정적인 생각에 집중되어 미처 보지 못했지만, 남들이 보기에 얼마든지 빛나는 장점들이 있는 것이다. 혹시 자신의 능력이 의심스러우면 직장 동료나 주위의 사람들에게 나에 대한 의견조사를 간단히 해보라. 의외로 내가 얼마나 괜찮은 사람인지 쉽게 알 수 있을 것이다.

밤에 잠을 자다가 화장실에 갔을 때 거울 앞에서 자신에게 환하게 웃어주는 방법도 아주 좋다. 필자가 몇 년째 하는 방법이기도 하다. 바로 내 안의 또 다른 나와 긍정으로 소통하는 방법이다. 또 일상 중에 나의 긍정적인 점을 찾아내어 칭찬해주는 것도 아주 좋다. 이런 시도는 분명히 나를 변화시켜줄 것이다. 있는 그대로의 나를 사랑하고 인정해준다면 정말 귀한 변화가 찾아올 것이다.

누구에게든 정도의 차이가 있을 뿐이지 열등감 없는 사람은 없다. 생각해

보면 나란 존재는 세상을 이길 수도 있는 크나큰 존재이다. 사소한 열등감 따위는 털어버리겠다고 마음만 먹으면 얼마든지 없앨 수 있는 것이다. 그런 사소한 것에 발목 잡혀 있을 수 없을 만큼 우리의 시간은 너무 소중하다.

"열등감은 스스로 인정하지 않는 한 절대로 생기지 않는다."

– 엘리노어 루즈벨트

04

힘들지 않은
사람은 없다

억울함

필자가 늦깎이로 미국에 이민을 와 지금 하고 있는 일은 영업 매니지먼트다. 그리고 업무의 주요 내용은 두 가지다. 팀의 실적이 잘 유지되도록 모니터하는 일이 가장 중요한 일이고 그다음으로 새로운 인원을 뽑아 훈련해 업무에 투입하는 일이다.

당연히 그동안 이런 업무의 과정에서 상당히 많은 사람을 만났다. 일단 누군가와 약속이 잡혀 정해진 날짜와 시간에 서로 마주 앉게 되면 사람들의 지난 이야기를 듣는 게 순서다. 지나고 나서 그렇게 사람의 이야기를 듣는 일이 꽤 많은 에너지를 요구하는 일인 줄 알게 되었다. 하지만 당시는 일에 대한 의욕이 앞서, 가리지 않고 사람을 만났다.

그동안 나는 내가 가장 힘들게 산 줄 알았다. 다른 사람들도 물론 쉽진 않겠지만 나름대로 잘 꾸려나가고 있지 않을까 하는 생각이 있었던 모양이다. 그런데 막상 사람들과 대면하여 이야기를 들으면서 꽤 다양한 어려움이 그들에게 있음을 알고 놀란 적이 많았다.

이야기를 듣다 보면 자신의 처지를 한탄하는 내용들이 많았는데 그중에서도 억울하다는 정서가 가장 지배적이었다. 자신이 제일 힘들고 억울하다는 생각들이었다. 하긴 나도 그렇게 생각을 하고 살았으니 이해가 가지 않는 건 아니었지만 그런 사람들 이야기의 끝에는 꼭 무엇인가 연결되어 있었다. 그것은 바로 '어떤 사람이나 상황 때문에' 지금의 자기가 힘들다는 내용이었다.

다시 말하면 그 사람이나 그 일이 아니었으면 자기는 지금 아무런 문제없이 살고 있을 거라는 이야기였다. 사람에 대한 경험이 별로 없던 초기에는 나는 이런 말들을 액면 그대로 다 받아들였다. 그래서 그들에게 뭔가 해주고 싶은 마음이 내게는 많았다.

나는 지는 법을 배우지 않았다

이때의 내겐 이 일을 통해 형편이 어려운 이민자들에게 일자리를 제공해 줄 수 있다는 뿌듯함이 있었다. 그래서 가능하면 형편이 어려운 사람들을 먼저 챙겼다. 어떻게 해서든 나와 형편이 비슷한 이들에게 괜찮은 경력을 쌓게 해 그들이 자리를 잡는 모습이 보고도 싶었다. 다행히 이 업종은 보상이 나쁘지 않으므로 조금만 열심히 하면 자립도 얼마든지 가능했다.

지금 거의 20년이 지난 시점에서 이 과정을 돌아보니 여러 느낌이 든다. 현실적으로 그렇게 힘들었던 사람 중에 제대로 자리를 잡은 사람은 아주 드물었다. 형편이 어려운 사람들에게 우선하여 일자리를 제공했지만, 실패한 사람들이 대부분이었다. 이들은 제대로 성공하는 것이 어떤 것인지를 미처 알지 못하고 있었다.

이들은 어려움을 극복하고 난 후의 희열을 전혀 모르고 있었다. 그들에게 익숙한 건 오로지 '안 되는 이유'를 찾는 일이었다. 자기 자신보다는 주위 환경이 제대로 돌아가 주지 않아 성공할 수가 없다는 이야기였다.

그래서 그들은 떠나가면서 늘 억울해했다. 주위에는 분명히 멘토로 삼아 따라 배울 만한 훌륭한 도움이 있었음에도 그들은 피해 다녔다. 정말 배울 게 열 가지가 있어도 한 가지가 마음에 안 들면 그게 끝이었다. 어떻게든 같이할 수 없는 이유를 찾아 스스로 정당화시키고 포기를 선언했다.

그리고 그렇게 떠난 이들은 여전히 억울해했다. 정신력의 문제였다. 지금도 이때 떠난 몇몇 사람의 이야기가 들린다. 그들은 십수 년이 지났지만 지금도 사는 형편이 별로 나아진 것 같지 않다. 아마도 여전히 자신은 억울하다고 생각하고 있을까?

잡초 이야기

잡초를 뽑고 뒤돌아서면 금방 다른 풀이 올라온다. 며칠만 지나도 쑥쑥 밀고 올라오는 그들을 지켜보면 그들의 생명력에 감탄하지 않을 수 없다. 그런데 이 잡초들도 한 번에 모두 싹을 틔우지 않고 순서대로 나오는 그들 나름의 규칙이 있다고 한다.

일본의 식물학자 이나가키 히데히로는 일반 화초가 아닌, 잡초를 농업시험장에서 연구하면서 그들의 생태에 관한 『풀들의 전략』이란 책을 썼다. 그는 아무리 발아하기가 좋은 환경이어도 잡초들은 한꺼번에 모두 싹을 틔우지 않는다는 것을 알았다. 그렇게 했다가 만약 재해라도 나면 그 잡초 집단이 다 죽어버릴 수 있기 때문이다. 그와 같은 사태로부터 자신을 지키기 위해 잡초들은 일부러 발아 시기를 늦춰가면서까지 위험 분산을 도모한다고 한다.

세상에서 마치 아무것도 아닌 듯한 존재처럼 여겨지는 잡초에도 이렇게

나는 지는 법을 배우지 않았다

'치밀하게 계산된 생존전략'이 있다는 말이다. 그들에게 아무리 강한 약을 뿌리거나 불태워도, 뿌리째 뽑아내더라도 절대로 없애지 못하는 이유가 설명되는 것 같다.

그뿐만 아니라 이나가키에 의하면 키가 작은 풀들은 큰 풀들과 같이 있으면 광합성에 불리하므로 차라리 사람이 많이 걸어 다니는 길에 집단으로 뭉쳐 있는 게 더 나은 생존전략이라고 한다. 그들은 다른 화초들처럼 고고하게 잎을 세우지도 않고 길옆에 아무렇게나 바닥에 누워 밟혀도 죽지 않도록 함으로써 생명을 유지한다고 했다.

그중에서도 우리가 어릴 때부터 봐왔던 잡초인 질경이는 고난과 역경을 이겨내는 풀로 종종 비유된다. 들길이나 들판을 거닐면서 우리는 아무런 생각 없이 질경이를 밟고 다닌다. 만약 질경이가 그런 데서 밟혀가면서까지 살지 않았다면 이미 다른 식물들이 질경이들의 자리를 차지했을 거라는 말이다.

잡초 이야기를 읽으면서 바쿠후 시대에 살던 일본의 평민과 천민들의 생각이 떠올랐다. 이들은 사무라이 계급이 다스리던 시대에 잡초처럼 살아갔다. 『대망』과 같은 역사물에 묘사된, 무사 계급이 아닌 일반 천인들의 삶은 정확하게 잡초와 같았다.

어떤 경우에도 그들은 말대꾸조차 할 수 없으면서도 자기들의 상전을 끝까지 받들며 끈질긴 생명력을 유지해갔다. 이들처럼 정말 어렵고 억울한 사람들이 없겠다는 생각을 참 많이 하면서 책을 읽던 기억이 떠오른다.

우리가 사는 이 시대에 그런 삶은 없다. 가끔 누가 나를 힘들게 할지는 몰라도 우리 스스로 얼마든지 자신의 상전으로 살 수가 있는 때다. 우리가 지금 눈으로 보는 것들은 다 자신이 인식하여 받아들이면서 존재하는 것들이다. 누가 나에게 억지로 강요한 것이 없다. 그렇지만 우리는 잡초들만큼의 전략도 갖고 있지 못하다.

결국 살아내야 할 주체는 우리 스스로인데도 남을 핑계로 모두 미룬다. 그리고 결국은 잡초보다도 못한 삶을 산다. 생존은 가장 숭고한 주제일 것이다. 특히 우리처럼 빈손으로 남의 땅에 살러온 모든 이민자가 반드시 마스터해야 할 주제이기도 하다. 아무리 억울한 일을 당해도 그것이 생존이라는 과제의 답은 될 수 없을 것이다.

05

생각 없이 살면
사는 대로 살게 된다

생각하는 대로 된다

우리 격언에 '말이 씨가 된다'라는 말이 있다. 입으로 자주 말하던 것이 사실대로 되었을 때를 이르는 말로 가끔 뭣 모르고 말한 게 실제로 일어나게 되는 것을 의미한다. 말을 한번 입 밖으로 내면 달리 다시 주워 담을 수 없으므로 말하기 전에 한 번쯤은 생각해보는 신중함을 지니라는 뜻일 것이다.

이처럼 말과 생각으로 인해 일어날 수 있는 여러 가지 삶의 변화를 살펴봐도 좋을 듯하다. 만약 말이 씨라면 아마도 그 뿌리는 바로 생각이지 않을까? 씨가 자라면서 뿌리를 내리고 거기서 빨아올린 자양분으로 가지, 줄기와 잎을 만든다. 지금 우리가 사는 삶도 바로 예전부터 우리가 꿈꾸고 생각했던 것의 결과일 것이다. 생각대로 살 것인지 아니면 사는 대로 생각할 것인지는 우리 각자가 선택할 몫이다.

결코 긴 이민의 삶을 산 건 아니지만 주위의 사람들을 보면서 느낀 점들이 있다. 지금 내가 하는 일이 교민들의 보험이나 은퇴를 통한 노후 준비를 도와주는 일을 주로 하다 보니 이런저런 사람들을 만나 그들의 일반 재정이나 노후에 관한 계획을 듣는다.

이런 이야기를 듣다 보면 그들이 미국이란 나라까지 와서 살면서 진정 자신들이 지향하는 바가 무언지 모르고 있는 거 같아 매우 답답한 때가 많다. 젊었을 때는 조금이라도 돈을 더 벌어보겠다고 억척같이 일을 하다가 정작 노후엔 그저 정부 혜택으로나 사는 게 목표인 사람들도 적지 않다. 말이 정부 혜택이지 이것은 그야말로 극빈자를 위한 보조 혜택에 지나지 않는 것이다.

젊어서는 그래도 나름 자기 사업을 하느라 좋은 집에 좋은 차를 타고 다니지만, 노후에는 정부 혜택을 받기 위해 그나마 가진 것을 자녀에게 모두 줘버리는 사람들도 보았다. 자신의 소유가 조금이라도 있으면 혜택을 받을 수 없

나는 지는 법을 배우지 않았다

기 때문이다.

젊었던 날 그렇게 많은 수고를 했으면 노후에는 그동안 못했던 여행이나 인생의 버킷리스트를 하나씩 챙기면서 즐겨도 될 텐데 일에 매여 그런 걸 꿈꿀 의지나 능력을 쌓지 못한 것이다. 그래서 정작 은퇴하고서는 아무것도 하지 못한 채 갇혀 살아야 하는 사람들이 의외로 많다.

그들이 꿈꾸던 아메리칸드림은 그런 식으로 보상받아서는 안 되는 것이다. 물론 이들이 그렇게 소망했던 자녀들의 교육이 성공한 경우는 많았다. 그렇지만 그것은 자녀들의 삶이지 자신들의 삶이 될 수는 없는 것이다. 이것은 필자가 거의 매일 만나는 현상의 극히 일부일 뿐이다. 생각 없이 사는 전형적인 예다.

이런 분들이 하는 대표적인 말이 있다.

"뭐, 그때는 어떻게 되겠지요."

아마도 자식들이 자신들을 그냥 버려두지는 않을 것이라는 막연한 기대를 하는 듯하지만, 노후나 의료비용이 높은 미국에선 어림도 없는 생각일 뿐이다. 그저 이들의 말대로 그렇게 될 뿐이다.

"당신이 생각하는 대로 살아야 한다. 그렇지 않으면 당신은 머지않아 사는 대로 생각하게 된다."

— 『정오의 악마』 (폴 부르제)

아우렐리우스는 '인간의 삶은 그 인간이 생각한 대로 된다'고 일찍이 간파했다. 그리고 미국의 철학자 윌리엄 제임스도 '인생은 생각의 결과'라고 말했다. 누구나 자신이 생각한 대로 살아가게 된다는 의미일 것이다.

인생이 힘들다고 생각하면 힘든 삶을 살 것이고 인생이 행복하고 즐거운 것으로 생각하면 또 그런 삶을 살게 될 것이다.

사는 대로 생각하지 않으려면?

생각하는 대로 살고 사는 대로 살지 않으려면 제일 먼저 해야 할 일은 말버릇을 고치는 일이다.

앞에서 살펴본 대로 말은 생각에서 비롯되기 때문이다. 말과 생각은 결코 다를 수가 없다. 일상의 말에서 부정적인 말들을 멈추는 것이 얼마나 중요한가 하면 자신이 하는 부정적인 말들을 말하자마자 일들이 그렇게 되는 것을 볼 수 있기 때문이다.

나는 지는 법을 배우지 않았다

따라서 성공적인 삶을 영위하고 싶다면 긍정적으로 말하는 습관이 가장 손쉬우면서도 또한 가장 효율적인 시도가 아닐까 한다. 긍정적인 말은 나의 현재 의식뿐만 아니라 잠재의식에도 지대한 영향을 미쳐 삶의 변화를 유도하기 때문이다.

말하는 것을 조금만 바꿔도 하루가 활기차고 주위의 경계가 걷히는 걸 금방 발견할 수가 있다. 따라서 험담, 푸념, 불평을 멈춤으로써 삶이 달라지는 걸 경험해보기를 권한다.

자신의 미래를 긍정적으로 바꾸는 것은 전적으로 자신의 선택에 달려 있다는 게 일반적인 견해이다. 나의 기분을 좋게 만들려는 의도라면 즐거운 생각을 할 수도 있고, 또 어려운 상황을 이겨내기 위해 부정적인 생각이나 상황을 거부할 수도 있다. 일단 거절하면 그런 것들은 내게 영향력을 발휘할 수가 없다.

상황이 어떻든 긍정적인 태도를 선택하면, 우리의 삶도 부정적인 생각들을 몰아내고 다가올 미래에 대해 가능성과 이길 방안을 얼마든지 보여줄 것이다.

만약 부정적인 생각이 든다면 그것 역시 나 자신이 선택한 것이라는 점을 깨달아야 한다. 긍정을 방해하는 부정적인 사고들을 제거하고 싶다면 무심코 떠오르는 부정적인 생각에 대해 주의 깊게 알아차릴 수 있어야 한다. 우리가 이를 인식할 수 있다면 이에 맞서 어떻게 제거할 수 있을지도 생각해볼 수 있을 것이다.

부정적인 생각을 몰아내는 좋은 방법은 자기 생각을 객관적으로 관찰하는 것이다. 한 가지 방법으로 노트에 떠오르는 좋지 않은 생각을 기록해보면 좋다. 부정적인 생각들은 종이 위에 기록되면 나의 감정으로부터 분리되어 객관적인 것으로 남게 된다고 한다.

또 허우적대는 자기 생각이나 감정에서 빠져나오는 방법으로 메타인지(meta-cognition)가 있다. 이는 자신을 객관화해서 제삼자의 관점에서 자신을 바라보는 시각이다. 자신이 어떤 감정이나 생각을 하고 있는지 스스로 바라볼 수 있게 될 때 그 상태에서 빠져나올 수가 있고 치유도 가능해진다고 한다.

주위의 환경에 좋지 않은 생각을 자극하는 것이 있다면 외부적 요인에게 변화를 줘서 조정하면 된다. 일례로 그런 사람들을 재배치하는 식으로 그 효과를 최소화하는 것이다.

나는 지는 법을 배우지 않았다

이런 식으로 자신의 부정적인 생각과 얼마든지 맞설 수가 있다. 그뿐만 아니라 부정적인 생각을 긍정적인 것으로 교정할 수도 있다. 우리가 자칫 느끼는 불필요한 생각을 다른 건설적이고 긍정적인 것으로 바꿔 우리의 앞날을 얼마든지 밝게 만들 수가 있는 것이다.

06

나의 의식에
스위치를 켜라

뉴질랜드란 나라에서

뉴질랜드의 오클랜드 북쪽 브라운스 베이에 우리 가족이 도착한 때는 1996년 3월이었다. 주머니에 가진 거라곤 회사를 퇴직하면서 받은 돈 얼마가 전부였다. 뉴질랜드엔 공부하러 간 것이지만 애초의 미국으로 유학하려던 계획이 비자 문제로 어긋나는 바람에 찾은 대안이었다.

원래의 계획대로 유학생으로 미국에 갔더라면 엄청난 재정적 부담이 있었겠지만, 대안으로 나타난 뉴질랜드는 다행히도 영주권자로 갈 수 있는 자격이 주어져 많은 혜택을 나라에서 받을 수 있었다. 내가 가진 경력이 뉴질랜드 영주권 취득에 필요한 점수를 충족해 오히려 큰 복이 되었다.

그 무렵 이민하던 과정에서 생긴 많은 스트레스로 아내의 건강에 적신호가 있었는데 후에 뉴질랜드 정부의 혜택으로 무료 치료를 받을 수가 있었다. 또 당시에 어렸던 두 아이로 인해 정부에서 재정적 보조도 받을 수 있었다.

우리가 도착하자마자 렌트를 구해 들어간 브라운스 베이는 정말 아름다운 곳이었다. 매일 아침 눈을 뜨면 거실 앞 데크에는 이름을 알 수 없는 수많은 새가 지저귀고 있었다. 새소리가 그렇게 시끄러울 수 있음을 그때 알았다. 또 집 주위엔 수많은 종류의 처음 보는 예쁜 꽃과 나무들의 향기가 넘쳤다.

집에서 불과 몇 분만 내려가면 그림같이 아기자기한 작은 다운타운이 있었고 거기에서 몇 발짝만 더 걸어 나가면 멋진 해안이 끝없이 이어져 있었다. 정말 천국과도 같았다. 해안을 따라 늘어서 있는 아름다운 집들을 보게 되면 지금껏 내가 살아왔던 환경과 사뭇 달라, 보면서도 믿을 수가 없었다.

우리가 도착했던 때는 마침 우기라서 엄청난 비가 내렸는데 양동이로 밤새 들이붓는 것 같았다. 그렇지만 아침에 일어나서 보면 그 많은 비가 어디로 갔는지 모를 정도로 도로가 말끔했다. 그 나라의 도시설계 실력에 감탄할 수밖에 없었다.

이런 좋은 환경이었지만 남의 나라에서 이민자로 산다는 것은 새로운 환경에 대한 도전이었다. 그냥 정부의 보조금으로 살아야겠다는 마음은 애초에 없었다. 지상천국과 같은 그곳에서 거기에 어울리는 모습으로 살고 싶었다. 그림 같은 집도 속히 장만하고 싶었다.

문제는 수중에 가진 게 너무 없었다. 가자마자 오픈한 은행 계좌에는 잔액이 별로 없어 우선 먹고살 수 있는 대책부터 찾는 게 급선무였다. 내 성격상 어디 앉아 오래 쉬고 있는 타입도 아니어서 적극적으로 생존에 관한 대책을 찾아 나섰다. 우선 급한 대로 주위의 도움을 받아 중고차를 하나 장만하고 본격적으로 사방팔방 일자리를 찾기 시작했다.

그리고 신문의 구직 광고에 이력서를 보내기 시작했다. 그러자 하나둘씩 일정이 잡히고 인터뷰가 시작됐다. 아무래도 나의 지난 경력이 화공분야이다 보니 환경보전을 제일 중요시하는 그 나라에서 그런 자리를 쉽게 찾을 수가 없었다. 그 나라는 환경보호를 위해 공장을 짓기보다는 차라리 수입해 쓰는 편을 선택하고 있었다.

나는 지는 법을 배우지 않았다

하는 수 없이 분야를 바꿔 도전해야 했다. 일반 사무직이나 아니면 간단한 영업직이라도 모두 지원했다. 그렇지만 몹시 예의 바르고 친절한 대답만 되돌아왔을 뿐이었다.

'Overqualified!'

자격이 너무 넘쳐 뽑을 수 없다는 것이었다. 한국에서 받은 석사학위가 문제였다. 내게는 카운터 오퍼의 기회조차도 없었다. 얼마든지 임금을 밑으로 조정할 의사가 있었는데 그런 기회마저 없었다.

의식 전환에 답이 있다

사람이 자신을 스스로 바꾸기가 쉽지 않다. 그렇지만 마음 어딘가에 꿈이 있다면 그것은 어딘가로 우리를 끌고 가기 마련이다. 필요한 정보를 만나게 하든지 사람을 만나게 하든지….

『드림소사이어티』에는 "지금까지의 사회는 새로운 지식을 아는 자가 지배했지만, 미래는 '더 매력적인 꿈을 꾸게 하는 스토리텔러'가 지배하게 될 것이다."라는 말이 나온다. 오래전에 읽다가 마음에 들어 기록해놓은 말이다.

정말 잘하는 게 내게 하나 있다면 그건 어떤 결정을 내리는 데 신속하다는 점이다. 오랜 생각이 꼭 바른 결정을 만들어주지는 않는다는 게 내 생각이다. 그리고 어디에든 길은 항상 있기 마련이라는 게 나의 지론이다. 또 모두 나쁘기만 한 결정이란 것도 존재하지 않는다고 믿는다. 지금까지 살면서 한 번도 내가 내린 결정보다 더 나빠진 적은 없었다. 시간은 조금 걸렸을지라도 늘 스텝 업(Step-up)이었다.

정작 중요한 건 미적거리지 않고 결정을 내리는 행동이다. '어떻게든 되겠지.'라는 생각 따위는 하지 않는다. 물 위에 배를 띄워놓고 물이 흐르는 대로 따라가는 식의 삶을 살 수는 없다는 게 나의 생각이다.

그래서 내 결정 프로세스는 정말 간단하다. 먼저 내가 가진 것들을 모두 열거한다. 과장하여 꾸미지 않고 있는 그대로를 모두 적는다. 수중에 가진 돈부터 나의 성격까지 다 확인한다. 왜냐하면 그것들이 바로 내가 다음을 준비할 수 있는 자원들이기 때문이다.

또 결정을 내리기 전에 대개 5-10권 정도의 이런저런 책을 읽는다. 책은 나보다 앞서간 수많은 사람이 자신이 겪었던 경험을 기록해놓은 진짜 좋은 자원이기 때문이다. 읽는 목적은 그 자료를 그대로 이용한다기보다 나의 의식을 밝혀주는 의식과 같다.

내 안에 있는 또 '다른 나'는 현실만 보고 따라가기보다는 이런 의식을 더 좋아하는지도 모를 일이다.

그래서 그런 책들을 읽으며 메모해 나가다 보면 이런저런 생각들이 더해진다. 나중에 되돌아보면 그런 행동의 효과는 꽤 흥미로웠다고 말할 수 있다.

뉴질랜드에서 취업의 길이 막혔을 때 우리 가족에게 불쑥 떠오른 아이디어는 작은 편의점을 여는 일이었다. 편의점이라고는 하지만 동네 어귀에 있던 소규모 잡화점이었다. 주변의 사람들이 일상적으로 매일 찾는 신문, 우유, 빵, 음료수, 잡지류 등등을 판다. 이걸 뉴질랜드에선 데어리(dairy)라고 불렀다. 종종 지나가던 우리 교민들이 하던 표현으로는 '구멍가게'였다.

이때의 우리에겐 수많은 제약조건이 있어 도무지 가게를 열 형편이 아니었지만 이민 준비중에 읽은 몇 권의 책을 통해 의식에 많은 고양이 있었다. 아침저녁으로 바닷가에 나가 하던 묵상도 상당히 좋은 효과가 있었다.

그래서 마침 우리 앞에 나타난 부동산 에이전트를 기꺼이 선택했고 그가 도와준 가게와 함께 우리는 뉴질랜드 생활의 첫발을 떼었다. 그것은 우리에겐 정말 행운의 기회였다. 하지만 가게를 살 만한 돈이 수중에 없어 우리가 며칠 전 샀던 중고차까지도 담보로 돈을 빌려야 했었다.

일을 마치고 시간이 날 때면 종종 인근의 피어로 낚시를 나가곤 했는데 바닷가에서 만났던 어느 사람은 우리보다도 몇 년이나 먼저 그 나라에 왔으면서도, 영어가 안 된다는 이유로 낚시만 하다가 6년째인가 빈손으로 한국으로 돌아가버렸다. 그와 이런저런 이야기를 많이 나눠봤지만, 그의 의식은 이미 몇 년째 노는 동안 많이 피폐해져 있었다.

페이스북 친구의 글을 인용해본다.

" … 성공하는 방법과 돈을 버는 방법은 수없이 많이 있습니다. 그러나 성공과 돈을 버는 최고의 방법은 존재하지 않습니다. 영어를 배우는데 왕도가 없듯 세상의 모든 일에 왕도는 없습니다. 성공하고 돈을 버는 방법도 마찬가지입니다. 그러나 한 가지 확실한 것은 아무것도 하지 않으면 성공도 할 수 없고 돈도 벌 수도 없다는 사실입니다. 성공하지 못하고 돈을 벌지 못하는 이유는 성공하고 돈이 되는 일을 하지 않기 때문입니다. 성공하고 싶다면 일단 할 수 있는 일부터 시작해야 합니다. 왕도를 찾지 말고 할 수 있는 일부터 하시기 바랍니다. 아무것도 하지 않으면 아무 일도 일어나지 않습니다. 일단 일을 시작하십시오. 우리 앞에 우리가 할 수 있는 일은 우리가 생각하는 것보다 훨씬 많이 존재하고 있습니다. 다만 이모조모 따지고 심사숙고한다고 애쓰다 흘러버리고 넘겨버린 일이 얼마나 많은지 스스로 생각해보시기 바랍니다."

– Daniel HC Kim

나는 지는 법을 배우지 않았다

07

부딪히는 삶이
진짜 내 것이다

행복의 계량

어느 유튜브를 하나 보게 되었다. 오래되어 정확한 프로의 이름은 기억이 나지 않지만, 그 영상은 사람이 행복해지는 과정에 관해 이야기를 소개하고 있었다. 당시에 들으면서 재미있는 내용이라 메모를 남겨놓았다. 그에 의하면 사람이 느끼는 행복은 다음 등식에 의해 결정된다고 한다.

$$\text{행복} = (\text{내가 가진 것}) / (\text{내가 원하는 것})$$

사람은 결국 자신이 가진 것에 비례해 행복을 느끼게 된다는 것이다. 당연히 가진 게 많을수록 행복하게 될 것이다. 그렇지만 여기서 한 가지 생각할 것은 분모에 나타나 있는 '내가 원하는 것'의 크기이다. 내가 아무리 가진 것이 많아도 내가 원하고 있는 것이 가진 것보다 크다면 행복의 정도가 낮아진다는 이야기다.

많이 가진 사람들이 더 집착하는 모습들을 보면서 '왜 저렇게나 많이 가진 사람이 저리 불행해 보일까?' 하는 질문에 답이 될 것도 같다. 사람이 아무리 많이 가져도 그들 안에 여전히 부족하다고 느끼는 결핍이나 욕심으로만 채워져 있다면 그는 영원히 가난한 것이다. 걸신이 든 것처럼 그는 계속 불행할 수밖에 없을 것이다.

그런가 하면 아무리 가진 것이 많지 않아도 바라는 바가 적다면 그 또한 얼마든지 행복할 수도 있을 것이다. 비록 수중에 가진 것이 없어도 하루하루를 만족하며 보낼 수만 있다면 그는 족한 것이다. 각 나라의 행복 지수를 조사하면서 가난한 나라에서도 얼마든지 행복하게 산다는 기사를 가끔 인터넷에서 보았을 것이다.

나는 지는 법을 배우지 않았다

우리가 자랄 때는 모두 별로 넉넉하지 못하게 살았다. 그래도 그때는 참 웃음이 많았다. 모두 가진 게 없으니 사람들이 모두 다 그렇게 사는 줄로만 알았다. 돈 좀 없는 게 흉이 되지를 않았다.

그런데 자라서 직장을 갖고 돈을 벌면서 불행해지기 시작했던 기억이 있다. 내 안에 '비교'라는 괴물이 밀고 들어온 것이다. 세상을 보게 되면서 내가 가진 게 너무 없다는 것을 비로소 알게 된 것이다. 그 때문에 악착같이 남들과 같이 더 잘살아보겠다고 덤비다가 패가망신한 경우가 얼마나 많은가?

결국 행복이란 '족함을 깨닫는 것'과 연관이 되어 있다. 양에 상관없이 가진 바가 족하다고 믿을 수 있다면 그는 욕심으로부터 해방되어 자유로울 수가 있다. 또 따라서 그만큼 행복에 가까이 가 있을 것이다.

경쟁을 통한 행복?

앞서 설명한 프로그램 영상은 여기에 더해 행복해지는 법에 관해 한 가지를 더 소개하고 있었다. 그것은 바로 '경쟁'에 관한 것이었다. 필자도 마찬가지지만 사람들은 경쟁을 좋아하지 않는다. 패배가 두렵기 때문이다. 패배의 경험은 불행하다는 선입관이 강하게 우리에게 남아 있다.

사람 대부분은 경쟁이라고 하면 자신을, 이기는 모습이 아닌, 지는 자의 모습을 먼저 떠올린다. 미국 TV 방송 중에 〈서바이버(Survivor)〉라는 프로그램이 있다. 어떤 생존게임에 관한 설정을 해놓고 한 사람씩 탈락시켜서 최후의 생존자 한 사람을 찾아내는 것이다.

카메라는 매번 탈락자의 얼굴에 초점을 맞추고 그들의 독백을 듣는다. 비록 그들의 말은 도전의 기회가 주어져 감사했노라고 점잖게 말은 하지만, 표정은 절대 그렇지 못하다. 자기가 떨어져 억울하다는 기색이 역력하다. 얼굴은 감정의 거울이다. 그들이 느끼고 있는 낭패가 그대로 투영되고는 한다. 이게 경쟁의 결과다. 그렇게 실수해 패배했던 경험이 그대로 우리 무의식 안에 쌓여있는 것이다.

그러나 중요한 건 성장이고 발전이다. 과연 우리는 어떻게 성장을 하고 그것을 확인할 수 있을까? 과연 경쟁이 없어도 나의 성장을 추진할 동력이 있을까?

내가 지금 몸담아 있는 영업부서의 챔피언들은 끊임없이 자신의 기록을 확인한다. 자신의 기록뿐만 아니라 동료들의 기록도 그들에게는 중요한 자료가 된다. 나태해지기 쉬운 정신을 위해 그들은 스스로 경쟁의 환경에 기꺼이 자신들을 담가두고 있다.

나는 지는 법을 배우지 않았다

필자가 처음 지금의 회사로 옮겨 매니저로 근무를 시작하면서 한 일은 미국 전역에 있는 같은 매니저들의 활동을 살펴보는 일이었다. 이상하게도 그때 회사는 전체 매니저들의 실적을 공개하지 않고 개별적으로만 볼 수 있도록 했다. 아마도 프라이버시를 중요시하는 문화여서 그랬던 것 같았다. 그렇지만 나로서는 너무 궁금했다.

더욱이 170년이 넘은 회사에 한국인으로는 필자가 첫 번째 입사한 매니저라서 나와 우리 팀의 실적이 도무지 본사에서 어느 정도의 위치에 있는지 너무 궁금했다. 첫해에 우리 팀의 실적은 내가 앞서 일했던 회사라면 어느 정도인지 대강 파악이 가능했지만, 이 회사에서는 도무지 알 길이 없었다.

그래서 끈질기게 본사 팀에 요청하여 드디어 리포트 시스템이 만들어지게 되었다. 그 시스템은 오늘날까지 잘 유지되고 있고 또 내용이 계속 개선되고 있어 제안자로서 보람이 있다.

그 보고서를 받으면서부터 더 많은 변화를 도모할 수 있었다. 벤치마킹할 상대도 확인할 수 있었고 다른 팀들의 운영시스템도 비교해 볼 수 있는 좋은 기회가 되었다. 또 우리보다 잘하는 팀을 직접 찾아 방문하면서 그들이 일하는 방법도 관찰할 수 있었다.

이런 자료를 이용한 나와 우리 팀의 평가 방법은 간단했다. 바로 리스트의 몇 번째 자리에 있느냐가 바로 가장 손쉬운 평가 방법이다. 이런 식 평가로 입사 첫해에 우리는 본사 전체에서 3~4위를 자리 잡을 수 있었고 그 사실은 팀에게 좋은 동기부여가 되었다.

아무런 발전이 없는 곳에 과연 행복이 의미가 있을까? 지금까지 만난 챔피언들은 정말로 관대했다. 그들은 자신이 알고 있는 것을 남들과 나누는 일에 인색하지 않다. 그들에게는 세상과의 경쟁이 전부가 아니기 때문이다. 바로 지난날의 자신의 모습과 지금의 자신을 경쟁함으로써 건강한 성장을 꾸준히 도모하는 것이다. 이런 시도야말로 진정한 자신의 발전을 내 행복의 참된 이유가 될 수 있다. 즉 진정한 행복이란 나태해지지 않으면서 꾸준히 성장해 가는 자신의 모습을 보는 데 있는 것이다.

Winner's
Secret
Strategy

2장

나는
지는 법을
배우지 않았다

포기하는 것도
습관이다

포기하는 사람들

미국이라는 나라에 와서 평생에 처음으로 영업을 해야만 하는 환경을 만나게 되었다. 가진 게 넉넉지 않았던 이민자로서의 결정이었고 당시의 내 생각에는 어떻게든 살아남아야 하는 생존게임 같았다.

그러면서도 그런 결정을 하게 된 배경에는 미국의 보험회사들이 직원들에게 해주는 대우 중에 우리 가족에게 당장 필요한 것들 있음이 주요한 원인이

기도 했다. 보상제도가 꽤 괜찮았고 또 여러 가지 수당이나 혜택이 좋았다. 무엇보다도 식구들을 위한 의료보험이나 연금제도는 늦깎이로 시작한 나와 우리 식구들에게 꼭 필요한 것들이었다.

그런데 막상 들어가 보니, 영업이라는 일은 한국에서처럼 정해진 시간 동안 출퇴근하면서 배당된 일만 하면 되었던 업무와는 사뭇 달랐다. 일례로 이 일은 일정표가 전적으로 내게 달려 있었다. 몇 시에 시작해 몇 시에 마치든지 모두 내 의사대로였다. 회사에서 정해놓은 소정의 훈련에 참여하는 것 외에는 간섭해 내 시간을 빼앗는 일이 일절 없었다. 또 조직의 운영을 위해 내게 특별히 요구하는 것도 전혀 없었다. 그야말로 나만의 비즈니스 환경을 전적으로 보장해주었다.

어떻게 나의 비즈니스를 운영하든 상관은 없지만 정작 중요한 점은 소정의 실적을 만들어내야 한다는 사실이었다. 그것은 한 주간이라는 시간 동안에 실적이 없으면 내가 받을 것도 없음을 의미했다.

정해진 급료가 없으므로 성과가 없으면 그것으로 끝이었다. 추가로 지급하는 수당이라는 것은 실적이 있어야만 그에 따라 일정 비율로 지급되는 것이었다. 그 때문이었는지 대우와 보상이 좋은 일임에도 영업사원들의 생존율은 현저히 낮았다.

나는 지는 법을 배우지 않았다

나중에 매니저로 자리를 옮겨 팀 관리를 하면서 영업사원들이 갖는 근성이나 습관들을 자세히 살펴볼 수가 있었다. 오래 버티지 못하는 사원들은 자신이 하는 일에 대한 긍지가 약했다. 그리고 자기가 취급하는 제품이나 서비스에 대한 확신이나 필요한 지식도 현저히 부족했다. 그중에서도 가장 중요한, 사람을 찾아 만나는 노력이나 마케팅 노력이 현저히 부족했다. 물론 브랜딩을 위한 시도도 거의 볼 수가 없었다.

이런 사람들은 이미 마음속에 포기를 담아놓고 떠날 시기만 기다리는 사람들 같았다. 그들에게는 차라리 시간당 얼마든지 상관없이 그렇게 받는 임금으로 일하는 직종에 적합한 사람들이었다. 재미있는 점은 정작 일찍 포기하는 사람들은 머리가 비교적 좋아 남들보다는 기회의 여지가 더 있어 보였다는 것이다.

그동안의 경험으로부터 업무에 필요한 면허증 따는 속도가 빠를수록 생존율이 낮다는 정말 흥미로운 사실을 알게 되었다. 매니저로서 일을 시작하는 사람들이 면허증 시험에 빨리 패스하면 정말 좋으면서도 또 한편 걱정이 되는 건 다 그런 이유에서다.

면담이나 훈련을 하면서 사람들과 나누는 대화 중에 또 한 가지 발견할 수 있었던 사실 하나는 포기가 빠른 사람들의 경우 삶에 대한 큰 그림이 없는 경우가 많다는 것이다. 목표 설정이라는 말만 나와도 아주 생경한 표정을 지었다. 그들은 이런 대화가 마치 매니저가 그들에게 실적을 내도록 밀어붙이는 도구 중 하나라고 생각하는 거 같았다.

이들에게 꿈이 삶을 이끌어줄 거라는 말은 아무런 동기부여가 되지를 못했다. 따라서 자기가 처한 상황을 스스로 확인해 목표까지 가는 데 필요한 단계들을 어떻게 해결할지 이야기 나누는 건 별 의미가 없었다. 그런 공허한 시간을 보내면서 갖게 된 생각 하나는 포기하는 이들은 늘 달아날 이유를 먼저 찾고 있다는 점이었다.

포기로부터의 탈출

스스로 눈을 들 마음만 있으면 얼마든지 좋은 기회를 볼 수가 있는데도 마음을 닫아놓고 자신을 스스로 패배자로 먼저 낙인찍어놓는 경우도 쉽게 볼 수 있다. 포기하는 마음은 포기해야 할 이유를 스스로 찾아낸다. 그게 우리 안에 있는 잠재의식이 하는 일이다.

잠재의식은 좋고 나쁨을 구분할 능력이 없으므로 현재 의식이 시키는 일을 성실하게 수행할 뿐이다. 매일 나의 현재 의식을 어디에 둘 것인지 각자가 세심히 파악해야 하는 이유이다.

우리의 환경을 민감하게 살펴보는 것도 매우 중요하다. 주위에 다음과 같은 것들이 있지 않은지 주의 깊게 살펴보라. 혹시 툭하면 터지는 불평들이 많지는 않은지, 항상 찡그린 얼굴을 하는 사람들로 둘러싸여 있지는 않은지, 혹은 자기가 속한 그룹 분위기가 패배자의 느낌이 지배적이지는 않은지….

만약 이런 경우라면 어떻게든 그런 환경을 벗어나는 노력이 필요하다. 그런데 막상 자세히 살펴보면 이런 환경은 바로 나 자신이 불러온 것들이다. 내가 허락하지 않았는데 나타난 환경이란 없다. 내가 인정한 것만 내 눈앞에 나타나기 때문이다.

그래서 자기의 생각만 바꾸면 자신이 원하는 환경으로의 전환도 얼마든지 가능하다. 부정적인 사람들이나 환경으로부터 나를 멀리하고 대신 긍정적인 관계로 들어가면 되는 것이다.

내가 경험한 미국의 보험영업은 어렵지 않게 얼마든지 성공할 수 있는 직종이다. 내가 그런 확신을 하는 것은 성공의 예를 내 주위에서 얼마든지 찾아볼 수 있기 때문이다. 포기하지만 않으면 얼마든지 가능한 일인 것이다.

성공하는 사람들은 특별한 사람들이 아니다. 바로 매일 아침 자기 자신을 향해 웃어주고 격려하는 사람들이다. 오늘도 좋은 일들이 있을 것임을 믿고 그걸 기꺼이 기대하는 사람들이다. 그들은 날마다 일어나는 기적을 기대하고 또 그걸 보는 사람들이다. 그런 기대감으로 일에 임하고 사람을 만나는 것이다. 선한 기대감은 좋은 일을 만들고 또 그렇게 만들어진 좋은 일들은 또 다른 좋은 일을 계속 끌어오는 것이다.

일본이 자랑하는 세계 최고의 LED 전문가이자 공학박사, 나카무라 슈지는 저서 『끝까지 해내는 힘』의 서문에서 이렇게 말하고 있다.

"지금까지 내가 걸어온 길을 되짚어 보니 실제로 아주 단순한 일들이 쌓이고 쌓여 마침내 성공으로 이어졌다는 사실을 깨달았다. … 어려운 이론이나 높은 학력은 전혀 필요 없다. 아니, 오히려 방해될 뿐이다. 자신을 믿고 힘차게 앞으로 나아갈 용기만 있다면 꿈은 현실이 된다."

– 나카무라 슈지 (공학자)

02

기준은
내가 정하는 것이다

세상의 기준

세상의 기준에서 볼 때는 분명히 성공한 사람 같은데도 정작 자기 자신은 만족하지 못하는 사람들을 어렵지 않게 본다. 보통 사람이 보기에는 그들이 이룬 성취가 너무도 탁월해서 당연히 그들도 행복할 거라 생각하지만 정작 그들 자신은 전혀 행복해 보이지 않는 것이다.

만약 정말 남들보다 더, 쉬지 않고 일을 해서 누구라도 부러워할 만한 업적에 도달했는데 나중에 알고 보니 정작 그것이 자신이 원하고 바라던 성공이 아니라면 그 결말은 과연 어떻게 될까?

자신이 그토록 원하던 꿈을 이룬 것 같았는데 결국 어리석은 꿈이었다는 사실을 뒤늦게 깨닫는 경우도 가끔 든다. 이런 경우 겪게 될 실망은 어쩌면 과정 중에서 겪을 수 있는 실패보다도 훨씬 더 큰 비중으로 다가올지도 모르겠다. 특히 그 꿈을 이루기 위해서 자신의 삶을 모두 바친 경우라면 그때의 느끼는 상실감은 이루 말할 수 없을 것이다.

플로리다에 있는 노바 남동부 대학은 2001년, 일반적으로 성공한 사람들이라고 생각되는 월스트리트의 주식거래 중개인들에 대하여 조사를 한 적이 있다. 이들 중 연봉 최소 3억 원 이상의 22~32살 남자들을 대상으로 조사를 시행했다.

이들은 하루 평균 10~12시간씩 일을 하는데 그들 중 70% 가까이가 우울증을 앓고 있었다. 또 그들 중 3분의 1은 당장 입원해 치료해야 할 만큼 상태가 위중했다. 보통은 성인 남자 5% 정도만 입원해야 할 정도의 심각한 우울증을 앓고 있는 것과 비교해볼 때 이런 결과는 꽤 심각하다 하지 않을 수 없다.

그런데도 그들 대부분은 그런 상황에서도 일을 그만두거나 휴식을 취하는 등의 적극적인 방식으로 문제를 해결하려고 하는 사람이 거의 없었다고 한다. 사람들은 그들이 벌어들이는 수입만으로 쉽게 성공한 사람이라고는 말하겠지만 과연 그들도 그렇게 생각을 할지는 꽤 미지수이다. 우울증을 앓으면서도 행복한 삶을 영위한다고 말하기는 어려울 것 같기 때문이다. 결국 그들은 우리가 생각하는 것처럼 그다지 성공한 사람들이 아닌지도 모르겠다.

이렇게 보면, 어떤 사회적인 성공이 꼭 행복을 가져다주는 것은 아니라고 말할 수가 있다. 다시 말하면 세상의 기준에서 말하는 사회적인 성공이 사람 개개인이 누리는 행복과는 무관할 수 있다는 사실이다. 결론적으로 말해 성공이란 개개인 자신이 정의하는 것이지 다른 누가 정의해주는 것이 아닐 것이다.

성공은 모두 다른 기준으로 정의될 수 있을 것 같다. 어느 두 사람이 외형적으로 볼 때는 비슷한 삶을 살았더라도 긍정적인 사람은 자신이 성공했다고 생각할 수 있고, 부정적인 사람은 실패했다고 생각할 수 있을 것이다. 그러므로 세상의 기준이 항상 나를 위한 것이 아님을 생각해볼 수도 있다.

나의 기준

사람들은 각자 다른 자존감으로 살아간다. '나무위키'의 정의에 따르면 자존감이란 자아존중감의 줄임말로 자신이 가치 있는 존재라고 생각하며 자신을 긍정적으로 받아들이는 감정을 말한다.

낮은 상태의 자존감을 가진 사람들은 행복해지기가 어렵다. 이들은 자신이 생각하는 '나'보다 세상이 알아주는 내가 더 중요한 사람들이다. 도대체가 나는 어디에도 찾아볼 수가 없다. 그래서 쉼 없이 바깥세상을 바라보고 있지만, 세상이 그들을 항상 인정해주고 알아봐주는 건 불가능하다.

그보다는 자신의 가치를 스스로 인정하는 연습을 하는 게 훨씬 더 바람직할 것 같다. 생각만 잠깐 바꿔보면 개개인은 이미 충분히 멋진 사람들이기 때문이다. 그런데 그걸 보지 않고, 굳이 찾지 않아도 될 것에 집중하며 그것이 없음을 못마땅해하는 실수를 범하는 경우가 얼마나 많은가!

이 글을 읽고 있을 독자들도 객관적으로 자신을 살펴본다면 남들이 갖고 있지 못한 뛰어난 점이 얼마든지 있음을 어렵지 않게 알 수 있을 것이다. 당장 종이 한 장 펴놓고 자신의 장점을 적어 보기를 바란다. 아마도 그 많은 양에 놀라게 될 것이다.

나는 지는 법을 배우지 않았다

필자도 인생의 가장 낮은 곳에 처해 암울하던 때에 노트를 펴고 나에 대해 적어보았다. 거기에는 남들이 해보지 못했을 좋은 성취들이 너무도 많았다. 당시 당장 내게 닥친 문제 때문에 마음은 비참했지만 지나온 인생 전체로 볼 때는 그 문제는 그야말로 아무것도 아님을 그때 확실히 볼 수 있었다.

문제는 사람들은 쓸데없이 낮은 자존감으로 세상에 자신을 맞추려는 시도를 멈추지 않는다는 데에 있다. 완벽주의가 가장 좋지 않은 그런 예 중의 하나가 아닐까 한다. 남한테 무시당하기 싫어서 되지도 않는 완벽주의로 자신을 포장하는 경우가 너무 많다.

많은 젊은이가 감수성 예민한 시절에 좀 더 밝은 세상을 볼 수 있다면 훨씬 멋진 세상에 살고 있을 텐데 스스로 지옥이라는 세상을 만들어 그 안으로 들어가고 있다. 하지만 약간의 관점을 바꿔 마음에 조금의 여유를 허락한다면 그동안과는 다른 세상에 살 수 있을 것이다.

자존감이 올라가면 자신을 향해 '이대로도 괜찮아. 충분히 잘했어!' 하고 다독여줄 수가 있다. 위에서 생각해본 그대로 객관적으로의 자신은 정말 괜찮은 사람이기 때문이다. 이때 부정적이거나 냉소적, 또는 공격적인 말을 긍정의 언어로만 바꿔도 세상은 즉시 달라질 것같다. 그러면 내가 지금까지 매일 만나던 세상은 전혀 다른 세상으로 바뀌어 내게 응답할 것이다.

우리가 여태껏 그토록 갈급해서 구하던 세상으로부터의 인정이 더는 중요하지 않을 수도 있다. 만약 그렇게만 된다면 그때 느낄 자유를 생각해보기 바란다. 세상의 평가로부터 나의 의식을 거두어버리는 것은 정말 통쾌한 일이 아닐 수 없다. 지금까지 우리가 별 영향력이 없는 사람들의 인정에 목메며 살았음을 깨닫게 될 것이다. 우리보다 하나도 더 나을 것이 없는 사람들에게 말이다.

따라서 나의 기준만 바꾼다면 이제부터는 내가 진정으로 하고 싶은 것들을 포기할 필요가 없다. 나의 세상에는 내가 소망하며 그리던 그림이 펼쳐질 것이다. 당당한 나 자신에게 집중할 수 있는 것이다. 다윗처럼 내 안에도 하나님을 향한 넘치는 찬양들이 있음을 알게 될 것이다. 지금껏 우리는 그것을 미처 깨닫지 못했을 뿐이다.

이런 신념과 생각이 앞으로 우리가 살아갈 새로운 기준들이다. 어떤 상황에서도 우리가 정하는 선택에 따라 어느 곳으로든 갈 수 있다. 설사 넘어졌다는 생각이 들어도 다음의 목적지는 내가 결정하면 되는 것이다.

76

03

악조건이 모두
나쁜 건 아니다

존스홉킨스의대 지나영 교수

존스홉킨스 의대 소아정신과 전문의 지나영 교수의 이야기가 화제다. 언젠가 차로 이동하는 중에 〈세상을 바꾸는 시간, 15분〉(이후 〈세바시〉)에 출연한 그녀의 이야기를 들을 수가 있었다.

대구에서 태어나 어릴 때부터 야무지게 공부를 잘하던 그녀는 가톨릭 의대에서 공부했다. 공부를 잘했음에도 학교 졸업 후 응시한 인턴모집 과정에서 떨어지는 경험을 하게 된다. 당시 남녀 차별이 심했던 한국 사회로 인한, 이해할 수 없는 결과였지만 그 일은 그녀가 미국으로 건너가는 계기가 되었다. 그리고 거기서 하버드 의과대학 뇌 영상연구소에서 수학한다.

공부를 마친 후에는 다시 노스캐롤라이나 의과대학 정신과를 거쳐 한국인 최초로 존스홉킨스 의대 소아정신과 교수가 되는 탁월한 경력을 갖게 된다. 누구보다도 열심히 노력했고 그 덕분에 누가 보아도 성공한 인생의 주인공이 된 것이다.

그렇게 치열하게 살면서 멋진 경력을 쌓아가던 그녀에게 갑자기 인생의 최대 도전인 난치병이 찾아왔다. 병명은 기립성 빈맥증후군. 이 병의 이름을 아는 데까지만 장장 5개월이 걸렸다고 한다. 그러나 정작 문제는 치료법이 딱히 없다는 데 있었다. 그저 무리하지 말고 자주 휴식을 취해야 한다고 했다.

그렇게 무기력하게 누워 있던 그녀에게 어느 날 무언가 할 수 있을 한 가지 생각이 떠올랐는데 그것은 바로 책 쓰기였다. 그리고 그녀 자신의 삶을 담담히 적어나간 책, 『마음이 흐르는 대로』를 출간하게 되었다.

이 일로 인해 방송에 출연하게 되었고 그때부터 그녀의 삶은 달라지기 시작했다고 한다. 여전히 약을 먹어야 하고 많은 시간 누워 쉬어야 하는 상태지만 그녀는 여전히 활기차다. 언제 배터리가 다 떨어질지 모르는 휴대폰처럼 조바심을 내고 살아야 하는 형편이 되었지만 그렇다고 모든 걸 다 내려놓고 살 수가 없으니 무리하지 않는 선에서 하는 데까지는 해보자는 생각으로 살고 있다고 한다.

책과 방송으로 인해 그녀에겐 새로운 목표도 새로 생겼다. 한국의 아이들이 자기다운 삶을 살 수 있는 문화를 만드는 데 도움이 되고 싶었다. 특히 부모들이 자칫 범하기 쉬운 오류들을 바로잡아 부모의 역할이 제대로 될 수 있게 하는 일에 관심이 생긴 것이다.

지금 그녀의 모습을 보고 사람들이 묻는다고 한다. 아프기 전과 지금, 둘 중 언제가 더 좋으냐고. 그 질문에 지금이 더 좋다고 대답하면 사람들은 믿지 않는단다. 물론 지금도 여전히 아픈 상태지만 사람들에게 뭔가를 할 수 있는 보람을 주는 지금이 더 좋다는 의미이다.

삶에서 시고 쓴 레몬을 만난다 해도 절망하지 말고 그것으로 달콤하고 맛있는 레모네이드를 만들면 된다는 게 그녀의 메시지이다. 사실 그녀가 한국에서 학교를 마치고 응시한 인턴 과정에서 낙방한 사실도 꽤 큰 충격으로 다가왔을 것이다. 남녀의 차별이 심한 한국 사회가 그녀에겐 어떤 닫힌 문처럼 보였을 것이다. 그것은 명백한 악조건이었다.

그러나 그녀는 주저앉는 대신 그것을 털어버리고 미국으로 떠나는 결정을 했다. 보통 사람이라면 쉽지 않은 결정이었을 것이다. 어떻게 보면 그때 그 인턴 과정에 합격했다면 지금의 존스홉킨스 의대의 지나영은 없었을지도 모르겠다. 그녀는 자기가 만났던 인생의 악조건을 그렇게 멋지게 뛰어넘었다.

'Everything is happening FOR you, not TO you.'

(세상의 모든 일은 당신에게 벌어지는 게 아니라 바로 당신을 위해 일어나는 것이다.)

필자도 어떤 힘든 시기를 지나면서 책을 쓰는 동기를 갖게 되었고 또 그 일로 인해 회복의 시간을 갖게 되었다. 돌아보면 우리에게 벌어지는 일들은 바로 나에 대한 불행의 이유가 아니라 바로 나 자신을 돌아보고 스스로와 화해하는 시간인 것이다.

이런 화해를 통해 세상과 자신을 바라보는 눈이 바뀌고 더 넓은 의미를 찾아가게 되는 것인지도 모른다.

가끔은 문이 닫혀도 괜찮다

하루는 아내가 위층에서 다급하게 말했다.

나는 지는 법을 배우지 않았다

"여보, 2층 화장실 문이 안으로 잠겼어요. 어떡해?"

우린 둘 다 별로 손재주가 없어 이런 경우엔 정말 난감하다. 그날 난 모든 재주를 동원해서 겨우 신용 카드로 문을 여는 데 성공할 수 있었다.

그런데 정말 인상적인 것은 그 일로 아내의 표정이 너무 행복했다는 사실이다. 그렇게 좋아하는 모습을 본 것이 언제인지 몰랐다. 그 표정을 보면서 나는 생각을 했다.

'가끔은 문이 잠겨도 괜찮겠다.'

살면서 가끔 새로운 일이 일어나기 위해서 원래 있던 것이 망가져야 한다. 그게 아니면 변화의 기회는 기대할 수가 없다. 망가진 걸 보는 건 유쾌하지 않겠지만 어쨌든 그로 인해 문제가 해결된 모습을 보는 건 또 다른 문제이다.

어렵거나 문제가 생길 땐 관점을 바꿔보려는 시도를 하게 된다. 당장 닥친 문제를 이해하고 해석하기 위해 어쨌든 머리를 굴려보게 되는 것이다. 관점을 바꿔본다는 것은 평소에 보던 방법과 다르게 보는 것이다. 기왕에 당한 일은 당한 일이고 그 순간을 잘 넘기면 새롭게 얻을 것에 대해 기대도 해볼 수 있는 것이다.

이렇게 당한 문제를 대하는 태도를 조금만 바꿔도 문제는 갑자기 그 꼬리를 내려버린다. 그것은 우리의 의식이 문제를 문제로 인정하지 않았기 때문이다. 그러면 고통스러운 상태에서 갑자기 재미가 넘치는 상태로 전환할 수가 있게 된다. 사람들이 폭우처럼 내리는 빗속에서도 춤을 춘다는 말은 바로 이런 상황의 변화를 말할 것이다.

보통 사람들이 살면서 겪는 어려움은 단순히 견뎌내기 위한 인내만 요구하는 것이 아니다. 마치 어느 한 과정을 마친 삶의 한 부분을 확인하는 최종 테스트일지도 모른다. 그것들을 성공적으로 수료하고 나면 반드시 또 다른 삶의 어딘가로 이어지게 되어 있다. 그것은 바로 또 다른 문으로 넘어가는 때가 되었음을 알리는 시간일 것이다. 마치 다른 차원의 시간으로 들어가듯이….

아무리 악조건이라도 그것을 어떤 눈으로 보느냐에 따라 다음으로 연결되는 방법의 질이 달라질 수 있다. 그리고 그 선택은 오로지 자신에게 달려 있다.

04

고정관념을
넘어서라

고정관념이란

고정관념을 말하기 전에 먼저 한 가지 살펴보고 싶은 것이 있다. 그것은 편견이다. 편견이란 말 그대로 어느 한쪽으로 치우쳐 본다는 의미를 지니고 있다. 아인슈타인은 "상식은 18세 때까지 후천적으로 얻은 편견의 집합이다."라는 말을 했다고 한다.

예전에 같은 직장에서 근무하던 어느 동료의 행위가 너무 지나친 게 많아

'상식에 안 맞다'고 표현을 했더니 내 상식이 너무 높아서 문제니까 조금만 낮춰보라는 주문을 받았던 적이 있다. 그때의 생각으로는 상식이란 통념상 모두에게 합당한 기준 같은 건데 그걸 낮추라니 말이 안 된다고 느꼈다. 그런데 아인슈타인조차 상식이란 '편견의 집합'이라고 표현한 걸 보면 역시 이것조차 바꿀 수 있는 여지를 가진 것으로 보인다.

다시 편견으로 돌아가서 그것은 사회나 문화적 요인들이 당시의 환경에 따라 후천적으로 학습하고 경험한 것에 의해 만들어진 것이라고 한다. 그래서 편견은 바른 사실적 근거와 충분한 사고와 지식만 주어지면 개선될 수 있는 여지가 있다고 이야기하고 있다. 이에 비해 고정관념은 좀 다른 양태를 보인다. 일반적으로 편견보다는 완고하고 사람을 더 힘들게 하는 면을 수반한다. 사전적으로는 사람이나 집단의 마음속에 굳게 자리 잡고 있어서 변하지 않는 생각이나 심리를 말한다.

한편, 고정관념도 선천적으로 형성되는 게 아니라 어디까지나 학습에 의한 결과물이라고 한다. '사회적 규범이나 관습에 의해서, 사회적으로 개인이나 전체 집단속에 학습되고 주입된 일종의 신념이다.' 또 고정관념과 유사한 선입관도 정서나 태도에 관련하여 편견에 가깝다고 보는 것이 통례이다.

고정관념이란 말을 처음 사용한 사회평론가인 월터 리프먼에 의하면 어느

나는 지는 법을 배우지 않았다

특정 단어에서 머릿속으로 즉각 연상되거나 또는 그려지는 '어떤 그림'이 바로 고정관념이다. 이는 주로 권위주의적인 성향이나 내성적으로 닫힌 성격에서 주로 보인다고 한다.

일반적으로 고정관념이 있는 경우 상대방의 내면에서 일어난 변화를 잘 알지 못하고, 상대가 말하는 내용을 경청하고 공정하게 평가하기보다는 이미 형성된 이미지에 의해 평가하는 경우가 많다. 그래서 자신의 이미 굳어진 생각에 따라서 상대도 성장할 수 있다는 사실을 받아들이기 어려워지는 것이다.

그러나 만약에 고정관념으로부터 탈피만 할 수 있다면 큰 성공의 기회가 될 수 있다. 기존에 가지고 있던 흑백논리, 부정적 사고, 권위주의, 습관, 경직된 사고, 실패에 대한 두려움 등에서 벗어난다면 그때 주위의 사물을 제대로 이해하고 판별할 수 있기 때문이다. 굳어버린 생각을 유연하게 함으로써 새로운 세계를 두드려 볼 수 있을 것이다.

여기 고정관념을 벗어남으로써 성공을 한 좋은 예를 소개한다.

하루는 어떤 건축가에게 한 사람이 찾아와 자신이 직접 스케치한 그림을 보여주면서 집을 짓고 싶다고 했다. 그런데 그 건축가는 그 사람에게 돈을 받지 않고 집을 지어주기로 했다. 그렇게 집을 무료로 지어준 건축가는 그 일로 인해 큰돈을 벌 수 있었다.

이 이야기는 실화로 집짓기를 부탁한 사람은 바로 당시 무명의 피카소였다. 집을 지어주고 그 대가를 받는 고정관념에서 벗어난 건축가는 피카소가 해온 스케치가 공사비보다 훨씬 높은 가치가 있음을 알고는 부차적인 이익을 만들어낸 것이다.

세상은 이런 건축가와 같이 유연한 사고를 하는 사람들로 인해 발전한다. 고정된 시각에서 벗어날 수 있다면 늘 창조적인 세계가 열릴 수 있는 것이다. 성공의 산물은 사물이나 현상을 한쪽 면에서만 보려는 고정관념에서 탈피할 때 비로소 얻을 수가 있다.

옛날에는 그랬다는 등의 과거 방식에 의존하는 사람들은 굳어진 습관과 관습에서 벗어나길 거부하고 동시에 어떠한 일에 새롭게 접근하거나 그 일을 바꾸는 것을 두려워한다. 이런 사람은 성공하기 어렵다.

부정적 고정관념에서 벗어나기

고정관념은 상대방을 모르기 때문에 생기는 경우가 대부분이다. 상대에

나는 지는 법을 배우지 않았다

대해 좀 더 파악하고 있다면 부정적인 고정관념에 의한 영향을 훨씬 덜 받을 수 있다. 이것은 나 자신에게도 마찬가지로 적용해볼 수 있다.

보통 사람들은 자기 자신을 잘 알고 있다고 생각하지만, 실상은 그렇지 못한 경우가 대부분이다. 그게 아니라면 우리는 매일 자책할 일이 없을 것이다. 이를 위해 자신을 객관적으로 조명해보는 노력이 필요하다. 스스로 깨어 있어 내가 어떤 오류에 빠져 허우적거리는지만 인지하더라도 큰 변화를 만들 수 있다.

즉 자신의 의식의 흐름을 주시하는 능력을 갖추는 일이다. 바로 마음을 경청하는 것이다. 이는 삶에 방해가 되는 부정적인 사고를 제거하는 중요한 단계가 된다.

우리의 생각을 조절하는 것이 중요하다. 부정적인 사고를 인식하고 그에 맞는 해결책을 찾는 것이 필요한 것이다. 자책하기를 멈추고 자기 자신을 긍정적으로 평가하며 또 마음의 문을 조금씩 열어보자.

한편, 부정적인 사고가 마음에 가득하면 명확하게 생각하고 판단하는 것이 어렵다. 이런 경우, 노트나 종이에 무슨 일이 일어나고 있는지를 적으면서 상황을 확인하는 것은 큰 도움이 된다.

이 간단한 방법은 부정적인 에너지를 방출하는 데 특히 도움이 된다. 만약 주변 사람들에게 털어놓고 싶지 않을 때라면 더욱 효과적이다. 마음을 열어 놓고 자신에게 질문해보라.

힘든 시기를 겪고 있을 때 부정적인 사고를 고치기 위해서는 두려움을 없 애는 새로운 결정을 내릴 필요가 있다. 발생할 수 있는 가장 최악의 상황에 대해 생각하는 것 대신, 새로운 단계를 밟으면서 달성할 수 있는 모든 좋은 상황을 고려하는 것이 100번 낫다.

필자도 몇 년 동안이나 최악의 상황을 가정하다가 큰 낭패를 본 경우가 있 어 이 단계가 얼마나 중요한지 너무도 잘 알고 있다. 최악대신 최선의 것을 기 대하는 것이 주어진 상황을 더 손쉽게 개선할 수 있는, 확실하면서도 정말 좋은 방법이 된다.

태도를 바꾸는 것 같은 아주 간단한 행동으로도 우리는 더 나은 방향으로 나아갈 수 있다. 자칫 입에서 나올 수 있는 부정적인 언어를 즉각 멈추고 자 신에게 '나는 할 수 있어'와 같은 말을 반복하면서 자신감 높이기를 권한다.

긍정적인 확언은 우리를 방해하는 생각과 맞서는 좋은 방법이다. 매일 아 침잠에서 깨어난 뒤, 혹은 자기 전 긴장을 풀고 심호흡을 진행하면서 확언을 되풀이해도 된다. 이런 간단한 시도들로 우리 안에 있는 부정적인 사고들을 정리하고 개선할 수가 있다. 매일 아침 기적을 기대하면서 활짝 웃는 모습으로 하루의 삶을 대면해보자.

05

걱정할 시간에
대안을 찾아라

왜 걱정할까?

사람들은 살아온 지나온 날을 돌이켜 보면서 종종 '걱정 좀 덜하고 살걸.' 하고 후회한다. 그 이유는 걱정이 긴장이나 스트레스, 불면, 피로 같은 것들이나 유발하는, 별로 가치가 없는 감정이란 걸 깨닫기 때문이다.

그뿐만 아니라 결국 우리가 그토록 걱정하던 일은 절대로 일어나지 않는 경우가 태반이기도 하다.

우리가 주로 하는 걱정 중에 40%는 일어나지 않은 일에 대한 걱정이고, 30%는 돌이킬 수 없는 과거의 결정에 대한 걱정, 12%는 질병에 걸리지 않을까 하는 걱정, 그리고 10%는 장성한 자녀들과 친구들에 대한 걱정이라고 한다.

결국 현재 상황에서 해결해야 할 문제에 대한 걱정은 겨우 8%에 지나지 않는다. 정리하면 92%의 걱정은 아무리 걱정한다고 해도 해결될 수 있는 일이 아니다.

그렇다면 도대체 왜 우리는 걱정을 떨쳐버리질 못하는 것일까? 사람들은 미래가 불투명할수록 잘되길 바란다. 또 만일을 대비해 만반의 준비를 하고도 여전히 무언가 잘못될 거 같은 불안을 떨쳐버리지를 못한다. 그렇지만 앞에 나온 데이터에서 보듯이 대부분은 우리가 어떻게 해볼 수 없는 경우들이다. '만일에 이렇게 되면 어쩌지?' 하는 불안한 상상으로 전전긍긍해보지만 이런 경우 불안만 더 가중될 뿐이다.

그렇지만 습관대로 마음이 하는 이런 걱정에 대해 좋은 점은 혹시 없을까? 만약에 염려함으로써 나쁜 일이 일어나는 걸 막을 수가 있다면, 이런 경우 걱정이 장차 해가 발생하는 것을 사전에 방지하는 기능으로도 생각할 수도 있을 것이다.

즉 걱정이란 것이 그냥 있는 것이 아니기 때문에 걱정한다는 것은 결국 좋은 일이라고 생각할 수도 있을 것이다.

걱정이나 염려에 대한 일반적인 면을 정리해보면 다음과 같다.

1. 걱정을 미리 하게 되면 갑작스럽게 놀라게 되는 일은 적어진다. 아무도 예상하지 못한 놀라움이나 실망을 경험하고 싶지는 않을 것이다.

2. 염려하면 어느 정도 안전할 수 있다. 염려하면 큰일에서 다소 그 정도를 낮출 수 있을 거라고 미신처럼 믿기도 한다. 간혹 사람들은 걱정을 너무 하지 않아서 문제가 터질 수 있다고 생각하기도 하는 것이다.

3. 염려함으로써 내가 신경을 쓰고 있음을 보여줄 수 있다.

4. 걱정으로 동기부여를 할 수 있다. 만약 아무런 염려나 걱정을 하지 않는다면 사람들은 나태해지거나 발전하지 못하는 경우가 생길 수 있다.

5. 걱정으로 문제의 해결에 도움을 줄 수 있다. 그것은 걱정을 통해 문제를 찾아낼 수가 있기 때문이다. 그렇지만 극단적인 염려는 문제 해결에 오히려 방해될 수 있음을 간과해서는 안 된다.

나는 지는 법을 배우지 않았다

걱정에서 벗어나기

그렇다면 이젠 걱정이나 염려의 짐을 내려놓는 방법은 없을까? 솔직하게 말해서 걱정 자체를 완전히 멈추는 것은 불가능하다. 그렇지만 어느 정도 이에 대한 도움을 줄 방법 몇 가지는 있다.

1. 신경계를 안정시킨다. 사람이 끊임없이 염려하게 되면 우리의 신경계는 극도로 긴장하게 된다. 이런 정신적 긴장은 결국 몸에 무리를 가져오고 그러면 감정이 정말로 걱정하지 않으면 안 되는 것 같이 느끼게 만든다. 이런 때 마음과 몸을 조용히 가라앉히고 평안한 느낌이 들게 하면 도움이 된다. 이때 도움이 되는 방법들은 근육 이완, 명상, 가벼운 운동 등이 있다.

2. 자신이 염려하고 있음을 깨닫는다. 사람들은 종종 자신의 마음이 어디에 매여 있는지 인지하지를 못한다. 또 걱정으로 인한 스트레스를 받고 있음은 알더라도 그들을 안정시키는 방법도 또한 있음을 알지 못한다. 이런 때 '알아차림'은 걱정에 대한, 더욱 적극적인 대응책이 될 수가 있다.

3. 불확실성을 인정한다. 사람의 삶이란 불확실성을 갖고 있기 마련이다. 그렇지만 이런 불확실한 것들이 우리가 삶을 영위하는 것을 계속 방해하지 못하도록 막을 수는 있다. 그리고 이런 불확실성을 차라리 삶의 한 부분으로

인정해버림으로써 그에 따른 걱정에 빠져 살지 않아도 되는 것이다.

4. 현재를 살아라. '마음 챙김'은 지나친 염려를 치료하는 중요한 수단이다. 이 방법은 우리의 마음을 열고 수긍함으로써 정신적 에너지를 현재라는 시점에 맞추도록 강조한다. 걱정이란 사실 아직 오지 않은 미래에 관한 것이므로 우리의 주의를 현재에 맞춰줌으로써 긴장을 내려놓게 할 수가 있다. 샤워나 걷기, 친구와의 대화, 명상이나 요가 같은 일상의 활동에 집중케 하는 방법이 효과적이다.

5. 두려움과 직면하기. 염려는 두려움으로부터 사람을 보호하기 위한 것이다. 문제는 일어나지 않을 수도 있는 것들로 인해 걱정하게 만들기 때문이다. 그렇지만 사람이 두려움에 직접 대면하려 하면 두려움은 움츠러든다. 따라서 쓸데없이 염려하기보다는 차라리 의도적으로 우리가 두려워하는 것을 받아들여 버리는 것이다.

'그래, 기차를 놓칠 수도 있어.'
'맞아, 일자리를 잃어버릴 수도 있겠지.'
'병이 안 난다고 장담할 수는 없을 거야.'

이런 대면으로 처음엔 좀 움츠러들겠지만 조금만 연습하다 보면 두려움은

94

점점 작아지고 점차 더욱 편안한 지경에 이르게 된다.

어느 글에서 걱정은 모기를 닮았다는 말을 본 적이 있다. 가만히 있으면 내려앉아 괴롭히는 모기처럼, 걱정도 멍하게 있는 사람을 괴롭힌다. 긁으면 긁을수록 상처가 커지는 것도 비슷하다. 다행히 분주히 움직이면 쉽사리 내려앉지 못한다. 일에 몰두하면 주위를 맴돌면서도 내려앉지 못한다.

염려를 던져버리는 것은 상당 부분 명상과 유사하다. 명상 중에 마음이 호흡에서 멀어져 방황하는 것처럼, 생각도 다시 걱정으로 돌아올 것이다. 마음이 방황하면 다시 집중하여 돌아갈 수 있다. 완전히 염려를 전부 다 없앨 수는 없겠지만 다시 집중함으로써 가라앉힐 수 있다.

06

때론 모방도
전략이다

모방전략

창의성은 더할 나위 없이 중요한 것이다. 이런 인식 때문에 모방에 대한 부정적인 이미지가 생겨 모방이란 절대로 해서는 안 되는 것으로 인식됐다. 그렇지만 시장에 참가하기 위해 반드시 새로운 발명품을 들고 나와야 하는 것은 아니다.

사실 마케팅에서의 창의성은 좀 다르게 인식할 필요가 있다. 즉, 누가 먼저 만들었나보다는 누가 상업적인 성공을 거두었나가 더 중요하기 때문이다. 모방제품이 혁신제품을 앞선 사례는 수없이 많은 것이 사실이다. 아무리 기술이 좋아도 시장의 동향을 감지해 신속히 반응하지 못하면 아무 소용이 없는 것이다.

또 기술적 아이디어가 뛰어나도 필요한 브랜딩의 기회를 놓치면 후발주자에게 밀리는 건 시간문제이다. 그러므로 내가 시도하려는 것이 처음이 아니고 한발 늦었다고 실망할 필요도 없다. 잘나가는 앞선 아이디어들의 변화를 살피다 보면 얼마든지 기회는 오게 되기 때문이다. 모방을 부끄러워하고 무조건 새로운 아이디어만 추구하려는 경향은 얼마든지 재고할 수가 있다.

이런 모방전략은 더 긍정적이고 수용도가 높아진 '벤치마킹'이라는 개념으로 진화한다. 벤치마킹은 경쟁 업체의 경영 방식을 분석하여 따라잡는 방식으로 경쟁사나 브랜드의 장점을 보고 분석해서 자신의 기업이나 환경에 적용해보는 기법이다. 이는 경쟁 대상뿐만 아니라 다른 선도적인 사람들에게도 사용할 수 있다

퍼스널 브랜딩에서의 벤치마킹이란 우리 자신이 택한 분야에 있는 사람들이 어떻게 일을 하고 있고, 어떤 콘텐츠를 만들며 어떤 방향으로 각자의 브랜드를 운영하고 있는지 파악해 그 내용을 바탕으로 자신의 브랜딩을 더 개선

하는 것을 말한다.

이로써 나의 분야에서 이미 앞서가는 사람들의 방법을 배울 수가 있다. 그들이 겪었던 시행착오를 줄이는 효과도 기대해볼 수가 있을 것이다. 바로 내가 대상으로 하는 사람들이 어떤 콘텐츠에 어떻게 반응하는지 보는 것도 좋은 방법이다.

왜소한 체구에 독특한 외모지만 좌중을 사로잡는 쩌렁쩌렁한 목소리와 능숙한 영어 실력, 범상치 않은 인생 여정을 가진 알리바바의 회장 마윈은 본래 가난한 영어 교사였다는 건 이미 다 알려진 사실이다. 그는 대학에도 몇 번씩이나 떨어진 뒤 겨우 합격했고, 취업 면접에서도 번번이 낙방했던 힘든 삶을 살았다.

그런 그가 영어 교사를 하며 모은 몇 푼 안 되는 돈으로 알리바바를 키워냈다. 1999년에 만들어진 알리바바는 아마존과 이베이를 섞어놓은 '중국판' 전자상거래 업체다. 전자상거래라는 용어조차 생소했던 때에 알리바바는 인터넷을 유통에 활용한 선두기업인 아마존의 아이디어를 모방해 만들어진 것으로 지금은 아마존을 능가하는 매출을 기록하고 있다.

마윈이 사업을 확장하는 행보도 아마존의 창업자 제프 베저스와 아주 유사하다. 베저스가 2013년 워싱턴포스트(WP)를 인수하자, 마윈은 홍콩의 유력 일간지를 사들였다. 아마존이 클라우드 시장에 진출해 큰 성과를 내자, 알리바바도 이를 따라 했다. 그렇게 만들어진 클라우드 사업은 지금 엄청난 성장을 하고 있다. 바로 이런 마윈의 시도가 전형적인 벤치마킹의 예가 될 수 있을 것이다.

중국 샤오미의 CEO 레이쥔 회장도 자신의 성공 신화를 말할 때 애플 창업자인 스티브 잡스를 빼먹지 않는다. 그에게 샤오미라는 거대 벤처회사를 이끌고 나갈 원동력을 준 사람이 바로 스티브 잡스이기 때문이다. 레이쥔은 대학교 1학년 시절 우연히 읽은 책에서 스티브 잡스를 만난 뒤 가슴이 뛰었고 그때부터 '중국에서 세계 일류의 기업을 만드는 꿈'을 갖게 되었다고 말했다. 이미 그의 마음에 잡스를 모방한 브랜딩의 싹이 트고 있었다.

이처럼 모방전략은 사람에 따라 엄청난 결과를 만들 수가 있다. 더욱이 요즘처럼 인터넷을 통하여 정보가 넘치는 시대에는 모든 것이 나의 마음먹기에 따라 얼마든지 그 영역을 넓혀나갈 수가 있는 것이다.

이민 초짜들의 살아남기

2002년 초, 처음 미국 땅에 도착했을 때 우리 가족에게는 미국 생활에 대한 정보가 아무것도 없었다. 이에 앞서 뉴질랜드나 호주에서 살아본 경험이 있어 이민이라는 게 그리 생소하지는 않았는데도 미국은 완전히 새로운 세계처럼 느껴졌다. 그래도 다행히 아내의 이종사촌 동생이 이곳에 먼저 와 살고 있어 우선 기거할 곳이 있었던 건 큰 행운이었다.

가진 돈도 넉넉하지 않았던 상황에서 급히 일을 찾고 있었지만, 도대체 무얼 해야 할지 전혀 아이디어가 없었다. 사실 미 동부의 버지니아로 이주지역을 정하기는 했어도 막상 도착해보니 전혀 생소했고 앞서 살아본 나라들과도 너무 달랐다. 우선 도시가 너무 커서 어리둥절했고 또 교민의 규모가 상당히 크다는 인상을 받아 어디서부터 접근해야 할지가 많이 헷갈렸다.

보통 이민자들의 작업이 결정되는 가장 보편적인 방법은 공항에 누가 데리러 나오느냐에 따라 달려 있다고 우스개처럼 말한다. 그 이유는 데리러 나오는 사람의 경험이 가장 쉽게 접할 수 있는 정보이고 또 선배들이 그동안 겪었던 것은 이미 나름대로 테스트를 거친 거나 마찬가지이므로 쉽게 모방의 마음이 생기기 때문이다.

한 가지 더 중요한 점은 그런 직종일수록 노동집약적이어서 늘 노동력이 필요하다는 시의적절성도 크게 작용한다. 즉 새로 도착한 이민자는 수입이 필요한 상태고 그에게 선배를 따라 당장이라도 일을 해 돈을 번다는 것처럼

　　　　　나는 지는 법을 배우지 않았다

바람직한 일도 없기 때문이다. 그래서 공항에 데리러 나와주는 선배는 쉽게 후배가 모방할 수 있는 훌륭한 예가 되어주는 것이다.

필자도 유사한 환경에서 이런 선배의 일을 배워보고자 몇 주간 따라다니면서 유심히 관찰할 기회가 있었다. 그것은 매일 아침 새벽 어시장에 나가서 신선한 생선을 가져다 인근의 일식당과 같은 곳에 배달해주는 일이었다. 멀리 뉴욕부터 볼티모어 등지까지 다니면서 종일 운전해야 하는 일이었다. 수입은 그리 나쁜 편은 아닌 거 같았지만 육체적으로 내게 너무 힘이 들었다.

이 당시 정착을 하면서 교회를 한 곳 정해서 다니기 시작했는데 그곳에서 하루는 목사님과 면담을 하는 중에 지혜 한 가지를 배웠다. 그 말씀에 따르면 교회를 잘 살펴 이미 성공적으로 정착한 사람들을 찾아서 그중 내게 가장 맞는 직종이 있는지를 확인하라는 것이었다.

사실은 그다음 말이 더 중요했는데 만약 그런 사람을 발견하면 당장 그대로 따라 하기를 시작하라는 충고였다. 절대로 왜 그렇게 하는지 묻거나 따지지도 말고 그대로 시간이든 장소든 할 수 있는 그대로 모방하라는 이야기였다. 이 충고는 나중에 지금 하는 영업에 큰 도움이 되었었다. 나와 같은 무경험자에게는 앞서 이미 증명된 길을 그저 따라가는 일이 가장 쉽고 확실한 방법이었다. 모방의 기술은 정말 중요한 전략이었다.

07

나는 지는 법을
배우지 않았다

우리 안에 있는 가능성

사람들은 원하던 목표 달성에 실패하게 되면 자책에 빠지기가 쉽다. 실패의 규모가 크면 그에 비례해 충격도 커진다. 그리고 자칫 소심해져 다음번의 목표를 향해 진행하는 게 쉽지 않다. 또 이렇게 만들어진 부정적인 생각은 패배감으로 나타나기도 한다. 그러면 작은 실패나 실수에도 마치 자기는 늘 그런 사람이라고 받아들일 수도 있다.

만약 이 글을 읽는 독자가 자기도 이런 종류의 사람이라는 생각이 된다면 우선 자신의 가치를 깨닫는 공부를 해야 한다. 자신들의 사기를 북돋우기 위해서라도 스스로 용납하는 법을 익혀야 한다. 자신이 무얼 하는가가 아닌 자신이 어떤 사람인가에 집중해야만 한다.

만약 사람이 자신이 이뤘던 성취로만 자신의 가치를 찾게 된다면 마땅히 성취가 있을 때는 기분이 좋아질 것이다. 그와 반대로 잘못하여 성취가 없다면 자신감을 그만큼 덜 느끼게 된다. 그렇지만 우리 자신은 그런 성취보다 훨씬 더 중요한 존재이다. 신생아들이 태어날 때부터 중요한 존재이듯이 우리도 마찬가지다.

이렇게 자신을 용납하는 지각은 우리 자신의 속사람과 세상 사람들과의 관계에서 찾을 수가 있다. 만약 우리가 참된 자아를 인지할 수만 있다면 각자의 삶에서 의미를 찾는 건 그리 어렵지 않다. 조용한 시간에 잠시 스스로 자신의 '참된 자아'를 돌아보면 대부분 자신에 대해 좋은 느낌이 드는 것을 알게 될 것이다. 우리는 바로 이런 느낌을 키워야만 한다.

차분한 마음으로 긍정적인 기분일 때, 시간을 내어 조금씩 이런 연습을 하다 보면 자신에 대한 선한 느낌을 점점 더 키워갈 수 있다. 그렇게 되면 설사 일이 계획대로 되어가지 않는 때에라도 쉽게 자신에 대한 긍정적인 느낌을 유지할 수 있게 된다.

사람은 사회적 동물이다. 따라서 거기서 오는 사람이나 사회와의 건강한 관계는 정신적으로 중요한 지지역할을 한다. 우리를 지극히 건강하고 밝게 바라봐주는 건강한 관계는 스스로 자신을 용납하는 데 큰 도움이 된다.

만약 이렇게 자신을 용납하는 능력이 향상되면 설사 어떤 심각한 문제가 발생해도 그게 우리의 근원적인 문제가 아니라 그냥 지나가는 순간의 문제로 간단하게 넘겨버릴 수 있는 사고도 가능하게 된다. 그렇게 문제들을 극복하는 기회가 많아질수록 자신의 목표가 무엇이든 수월하게 달성하게 될 것이다.

여기서 기억해야 할 점은 아무도 태어날 때부터 실패자가 아니라는 점이다. 실패자는 사람이 심각하게 실수를 경험할 때 만들어질 수 있다. 실수를 안 해본 사람은 아마 아무도 없을 것이다. 그러나 실패자란 표현은 그런 실패의 경우 다시 제자리로 되돌아오지 못하고 주저앉을 때 만들어지는 것이다.

그들이 삶에 과도하게 냉소적이거나 부정적일 때 비로소 실패자의 모습도 나타나게 된다. 이들은 무엇을 의욕적으로 하고 싶은 동기부여가 전혀 되지 않거나 삶에 대한 기대마저 포기하는 상태가 되는 것이다. 감사에 대한 모든

나는 지는 법을 배우지 않았다

마음을 잃어버리고 지극히 이기적으로 되어 무책임한 인생의 진짜 실패자가 되는 것이다.

질 때마다 이기는 남자 - 김민식 PD

이 글을 쓰면서 김민식 PD의 책, 『나는 질 때마다 이기는 법을 배웠다』에 대해 알게 되었다. 이미 김 PD의 책 몇 권과 〈세바시〉 강연을 접해본 터라 그의 지난 이야기는 대략 알고 있었지만, 제목이 너무 흥미로워서 책을 보게 되었다.

이 책은 2012년부터 2017년까지 6년간 지난 정권 아래에서 MBC의 싸움에 관한 그 자신의 이야기를 기록한 책이다. 그 당시 김민식 PD는 노조의 편성 제작본부 부위원장을 맡았고, 그때의 파업을 선두에서 이끌어 나갔다. 그 싸움은 두 정권 아래에서 길고 지루하게 계속되다가 결국은 승리로 끝난 과거의 이야기이다.

그는 자신의 책에 묘사된 모습대로 유쾌하고 재미있는 사람이다. 또 아주 긍정적이고 인생을 나름대로 즐길 줄 아는 사람이기도 하다. 남의 시선에 대해서도 별로 신경을 쓰지 않고 맡겨진 일도 열심히 사는 사람인 것을 쉽게 알 수가 있다. 정말 많은 재능을 가지고 있다.

이 책은 그가 가진 강력한 장점에 관해 이야기하고 있다. 그것은 권력 앞에서도 절대 움츠러들지 않는 강단과 비겁한 강자에게 맞서 굴복하지 않는 힘을 보여주고 있다. 그는 투쟁도 재미있게 해야 한다는 마음으로 파업 자체를 모두가 웃고 즐기는 축제의 현장을 만들었다.

그는 이렇게 외친다.

"승산이 있느냐 없느냐를 따지지 않는다. 싸워야 할 때 달아나지 않는 것이 인생에 대한 예의다. 승패에 집착하기보다 과정을 즐긴다. 결과는 누구도 알 수 없다. 때로는 처참하게 질 수도 있다. 그것 역시 받아들이겠다는 자세로 살면, 도전하지 못할 이유가 없다. 이기는 싸움만 하려들면, 승산이 없을 때마다 달아나게 된다. 그렇게 도망 다니며 살면 인생에서 배우는 게 없고 남는 게 없다. 지는 싸움에서 더 크게 얻는다. 싸우지 않을 이유가 없다."

– 김민식 (PD)

그의 말 중에서 가장 인상적이었던 점은 승패보다는 과정을 더 즐긴다는 말이다. 비록 질 수 있어도 이기는 게 꼭 도전의 목적이 아니라는 사실이다. 설사 지는 한이 있더라도 거기에는 충분한 승산이 있다는 계산을 하는 그의 역설이 정말 흥미롭다.

나는 지는 법을 배우지 않았다

우리는 어릴 때부터 늘 이기는 싸움에 대해서만 들어왔다. 그래서 남들보다 좋은 학교에 다녀야 했고 또 사회의 모든 경쟁에서도 이겨 남들보다 더 나은 위치에 있어야 하는 결과를 만들어내야만 했다.

『부자의 행동 습관』의 저자 사이토 히토리는 사람이 겪는 일 중에 실패는 없다고 말한다. 사람들이 보통 경험하는 낭패일지라도 거기서 무엇인가 교훈을 배울 수 있다면 그건 실패가 아니라고 주장한다. 실패가 클수록 더 크게 배우고 그로써 더 큰 승리도 기대할 수가 있음이다.

이런 사고방식은 어떤 경우에도 실패자라는 인식으로 자신을 가둘 필요가 없다는 걸 잘 가르쳐주고 있다. 어떤 경우에도 실패는 결국 긍정의 결과로 돌아온다는 확신으로 연결되기 때문이다. 히토리의 말은 어떤 경우에도 사람을 일어서게 하는 격려의 말로 들린다.

필자가 지난 실패로 어려움을 겪고 있을 때 이 책을 통해 격려를 받았던 말이 바로 '이대로도 괜찮아.'였다. 이 말은 지금도 스스로 매일 하는 말이다.

아마도 많은 사람이 수시로 '나는 실패한 걸까?' 하고 생각할 것이다. 아니다. 우리 스스로가 졌다고 말할 때까지는 절대로 진 것이 아니다.

08

실패는
변형된 축복이다

성공 요소로서의 실패

위의 글에 이어 다시 한번 실패를 생각해보기로 한다. 한 번도 실패하지 않은 사람은 아직 제대로 인생을 겪어보지 않은 사람이다. 아직 자신의 능력의 한계에 도전해보지 않은 사람이기도 하다. 누구든지 실수를 할 수 있고 또 실패로 좌절할 수도 있다. 피할 수 없는 실패를 만나 그 쓴맛을 경험해본 사람이라면 이미 겪고 배운 경험으로 인해 더욱 강하게 이겨낼 수 있을 것이다.

경영학자 피터 드러커는 "한 번도 잘못해 본 적이 없는 사람을 윗자리에 앉히지 말라."라는 말을 했다. 조직을 관리하고 책임을 지는 사람이 아직도 잘못을 저질러본 적이 없다면 과연 제대로 관리를 할 수 있다고 보기가 어렵다는 뜻일 것이다. 실패 뒤에 숨겨진 정서를 이해한다는 건 정말 중요한 일이다.

미국의 스탠퍼드대학은 실리콘밸리의 수많은 창업자를 배출해낸 학교로 유명하다. 이 학교에서는 특히 학생들에게 도전과 함께 성공과 '실패를 경험케 하는 교육 과정'을 통하여 많은 창업자를 키워낸다. 성장해가는 과정에서의 실패가 지극히 자연스러운 과정임을 학생들 스스로 깨닫게 하는 것이다. 실패를 겁내지 않고 기꺼이 받아들이는 자세야말로 진정한 성공에 중요한 요인임을 간파하고 그런 정신을 배양시켜주는 것이다.

좋은 예로 이 대학의 기업가정신센터에서는 학생들에게 '실패 이력서'를 쓰게 하는 과정을 채택하고 있는데 이 이력서는 자신이 저지른 실패와 그것을 통해 자신이 절실하게 배운 점을 되돌아보고 그 내용을 정리해보는 연습을 하게 한다.

필자는 지금 20년 가까이 사원모집을 위한 인터뷰를 하고 있다. 이런 면담 때에는 성공 경험과 함께 면담자들의 실패 경험을 반드시 묻는다. 그리고 어떻게 그런 경우들을 헤쳐 나왔는지 관심을 두고 듣는다. 이런 자신과의 싸움에서 이겨낸 경험들이 영업과 같은 격렬한 현장에서 자신의 꿈을 잘 세워나갈 기초가 될 것이다.

　실패의 가장 효과적인 점은 같은 실수를 반복해 저지르지 않도록 하는 확실한 교육 방법이라는 사실이다. 몸소 겪은 시행착오야말로 가장 확실한 교육 방법인 만큼 자신의 삶을 거는 삶의 현장에서 그만큼 큰 경험을 가지는 것은 그만큼 성공에 가까워졌다는 의미일 것이다. 아무리 교실에서 이론으로 배워도 실제 현장에서 벌어지는 것과는 상당한 차이가 있음을 인식하고 그에 대해 대응을 하게 되는 지혜도 얻게 되는 것이다.

　그러므로 실패를 두려워할 필요가 없다. 더 나은 발전을 위해서는 실패의 경험이 필요하고, 더 중요한 건 그 실패를 딛고 일어서는 일이다. 자신의 실패 이력서에 한 가지 더 추가되는 것을 새삼 두려워할 필요가 없을 것이다. 어떤 경우에도 자신이 실패자라는 인식으로 자책에 빠지지 말고 성공에 한 발 더 가까이 갔음을 깨닫는 인식이 필요하다.

실패가 끝이 아닌 경우들

　'실패는 성공의 어머니'라는 격언은 에디슨의 일화를 말한다. 에디슨은 전구를 발명하기 위해 1,200여 번의 실험을 했다고 한다. 그러나 대부분의 실험이 실패로 끝이 났다. 1,200번의 도전을 하는 사람은 거의 없을 것이다. 이런 성공은 정말 건초더미에서 바늘 찾기와 같다. 만약 이렇게 해야 꼭 성공하는 거라면 도전은 정말 쉽지 않을 것이다. 에디슨은 실험 노트에 적어나간 실패의 기록들을 보면서 단 한 가지 생각만 했을 것이다.

'반드시 된다.'

그런 생각은 이미 성공과 실패를 넘어선 환희가 가득 찬 자기만의 세계와 같은 것이지 않았을까? 이것은 또 다른 자신만의 경지였을 것이다.

에이브러햄 링컨은 그야말로 실패의 모든 과정을 다 겪은 사람이다. 정말 속칭 지지리도 재수 없는 사람이었다. 그만큼 다양하고 많은 실패를 겪어냈다. 지독하게 가난한 집에서 태어나 젊은 시절엔 여러 번의 사업 실패로 거액의 빚도 졌다. 또 선거에 출마해서는 번번이 낙선을 맛봤다. 어릴 때는 어머니와 누나의 죽음을 보아야 했고 후에 자라서는 사랑하는 약혼녀와 두 아들의 죽음도 겪어야 했다.

이런 실패와 역경, 슬픔으로 뒤덮인 삶이었지만 링컨은 늘 낙천적이었고 유머가 넘쳤다고 한다. 과연 어떻게 이런 삶이 가능했을까? 링컨은 말한다.

"성공에는 별다른 비밀이 없다. 성공은 실패에서 배우는 교훈의 결과다."

그는 그렇게 실패로 단단하게 단련되어 미국 역사상 가장 뛰어난 업적인 노예해방을 이루었고 남북전쟁이란 크나큰 시련 속에서도 하나된 미국을 지켜내는 지도력을 발휘했다. 아마도 당시의 미국이란 나라는 이런 불굴의 정신력이 필요했는지도 모르겠다.

그래서 하나님은 미국이라는 나라의 역사의 뒤에서 특별한 조련법으로 그를 그렇게 단단하게 키워냈는지도 모를 일이다. 링컨도 그런 역사적 소명을 알았기에 그만의 의식 세계에서 시대의 흐름을 읽고 허다하면서도 무모할 만큼 힘든 과정에서도 오히려 유머와 긍정으로 여유를 즐길 수 있었는지도 모르겠다.

스티브 잡스가 자신이 세운 애플에서 쫓겨난 일화도 유명하다. 그의 이면에는 입양아로 자랐던 어린 시절, 한 학기 만에 포기한 대학 생활, 자신이 만든 회사에서 해고되는 아픈 경험과 췌장암 선고에 이르기까지 파노라마처럼 이어지는 인생의 아픈 순간들이 있었다.

애플을 세계적인 기업으로 성장시켰음에도 오만, 독선으로 가득 차 사람들에게 독재자라는 비난을 받다가 자신이 만든 기업에서 축출당하는 아픔을 겪은 것은 과연 경영자가 갖추어야 할 역량이 무엇인지에 대해 다시 생각하게 만든다.

그렇지만 그는 실패와 역경을 오히려 하늘이 내린 선물로 생각했다. 그리고 대학에서의 중퇴를 인생에서 가장 훌륭한 결정이었고 자신의 애플에서 해고된 사실을 인생 최고의 일이라고 생각을 바꿨다. 그리고 그간 자신이 잘못 생각해왔던 것들을 고치기 위해 노력했다.

이렇게 스티브 잡스는 보통 사람은 한 번도 경험하기 힘든 벼락 성공과 연이은 처참한 실패를 겪으면서도 참다운 리더로 성장해가는 리더의 모습을 보여주었다.

새로운 일을 결행해서 성공한 사람은 정말 훌륭한 인물이다. 아마도 그다음으로 훌륭한 사람은 일을 실행하다 실패한 사람일 것이다. 그리고 세 번째는 아무것도 안 하고 성공한 사람이고 네 번째는 아무것도 안 하고 실패한 사람이다.

실패 없는 성공은 성공이 아니다. 실패에는 반드시 성공의 법칙이 있기 마련이다. 그래서 사람들은 실패를 변형된 성공이라고까지 말하고 있는 것이다.

Winner's
Secret
Strategy

3장

당신의 삶에서 가장 소중한 것을 지금 하라

성공은
아이디어가 아니라
실행에 있다

실행의 기술

실행되지 않은 아이디어는 가치가 없다. 모든 위대한 성취는 행동함으로써 이루어진다. 평범한 사람들도 누구 못지않은 뛰어나게 좋은 생각들을 많이 가지고 있다. 그러나 대부분의 삶은 그냥 평범하게 지나간다. 왜 그럴까? 지금 껏 우리가 성공하지 못한 것은 운이나 아이디어가 없었기 때문이 아니다. 그 냥 아무것도 하지 않았기 때문이다.

'언젠가 모든 사람이 각각 개인 컴퓨터를 갖게 하겠다'라는 꿈을 가진 빌 게이츠가 그 꿈을 이룬 비결은 무엇이었을까? 스티브 잡스가 아이폰을 만들 수 있었던 원동력은 어디에서 온 것일까? 할렘가 출신의 오프라 윈프리는 도대체 어떻게 토크쇼의 여왕이 될 수 있었을까? 또 테레사 수녀는 어떤 이유로 평생 가난한 사람들을 위해 봉사를 할 수가 있었을까?

이들의 위대함은 아마도 그들의 생각 때문만은 아닐 것 같다. 그 이유는 자신들의 생각을 실행으로 옮겨 결과를 만들어내는 힘 때문이다. 이렇게 특별한 사람들이란 생각을 반드시 행동으로 옮겨 성과를 만들어내는 이들이다.

실행하여 성공하는 사람은 짧은 단기간의 만족이 아니라 더 장기적인 보상책을 찾는다. 그에 반해 일반 사람들은 그저 우선 눈에 보이는 결과가 더 중요하다고 생각한다. 그렇지만 성공하는 사람들은 자신들의 목표로부터 눈을 떼지 않는다. 그뿐 아니라 쉽게 포기하는 법도 없다.

그리고 이들에게는 또 하나의 기술이 있는데 그것은 현재를 더 먼 미래의 시점에서 바라보는 안목이다. 이 말의 뜻은 지금 당장 하는 일만 바라보기보다는 고개를 들어 앞으로 장차 올 세상에 대해서도 생각한다는 뜻이다. 지금 하는 일로 인해 앞으로 나타날 나비효과를 바라보는 것이다. 일반 사람들은 실행력이 일종의 중요한 기술이란 것을 잘 알지 못한다. 그래서 행동하는

나는 지는 법을 배우지 않았다

것에 대해 배우거나 연습하지를 못하고 실천 못 하는 것을 그냥 게으른 천성으로 치부해버리고 만다. 그 때문에 지금도 여전히 계속 실행을 미루고 있음이다.

누구에게든 실행의 결단력이 필요하다. 그리고 이런 습관을 잘 유지되도록 관리하는 것도 필요하다. 결국 실행력은 타고난 자질이 아니라 배우고 연습하면 누구나 개발할 수 있는 것이다.

그렇지만 이 실행력을 키우는 일은 결코 어려운 일이 아니다. 자신만의 목표와 계획을 향해 바로 지금부터 한 가지씩 하는 것이 실행력을 키우는 방법이다. 이런 연습을 할 때 자신의 의지가 약하다고 몰아붙이지만 말고 시간이 걸릴 수 있음을 인정해주는 것이 좋다.

이렇게 함으로써 자신을 부정적으로 나쁘게 판단하는 걸 방지할 수가 있다. 스스로가 실행력 있는 사람이라고 긍정적으로 인정해주는 것이 바람직하다.

실례로 하루 명상해보기나 10분간 달리기, 또는 20회 팔굽혀펴기와 같이 사소한 일을 한 가지씩 시행해보는 것은 실행력을 연마하는 좋은 연습이 된다.

일상의 실천법

실행력이 있는 사람은 무슨 일이든 신속히 착수한다. 그러면서 번 시간만큼 일을 진행하는 과정에서 여러 가지 문제점이 드러났을 때도 시간적 여유를 갖고 대응할 수 있다. 어떤 아이디어가 올바른 것인지는 행동에 옮겨봐야만 비로소 할 수 있는 경우가 많다. 그래서 생각만으로는 판단이 어렵다.

아이디어를 바로 실행할 때 나타나는 문제점으로부터 개선점을 찾아 하나씩 교정을 한다면 그만큼 완전한 성공의 기회가 커지게 될 것이다. 매일 아침 메일의 처리가 좋은 예가 될 수 있다. 아침에 출근하여 수신 메일들을 처리할 때는 위에서부터 차례로 모든 메일에 답을 하는 습관을 들이는 게 좋다.

그리고 여러 일 중에서 반드시 해야 할 일과 먼저 하고 싶은 일이 있다면, 나중의 여유를 생각해서 하고 싶은 일보다는 먼저 해야 할 일을 우선으로 실행하는 것이 효과적이다. 이때 무조건 완벽주의를 취하는 태도는 전혀 바람직하지 않다. 상대방도 주어진 일의 완벽한 처리보다는 시간의 절약을 더 중요하게 볼 수도 있기 때문이다. 차라리 나중에 수정을 통해 보완하는 것이 더 나을 수도 있다.

완벽하게 하려고 일을 지연시켰다는 이유보다는 아직 일을 실행에 옮기지 않은 것이 훨씬 더 중요한 문제다. 실행하다 실패를 했든, 아예 실행하지도 못했든 간에 성공하지 못한 것은 모두 마찬가지지만 이런 경우 단연 실행하다 실패하는 편이 훨씬 낫다.

만약 잊지 않고 해야 할 일이라면 포스트잇에 적는다. 노트나 수첩에 기록하는 것보다 간단하게 해야 할 일을 포스트잇에 적어 붙여두는 것이 좋다. 할 일이 생각날 때마다 바로 포스트잇에 메모해서 컴퓨터나 책상에 붙여 놓는 습관은 실행력을 크게 돕는다.

또 쓸데없는 일이라고 생각되는 일은 과감하게 하지 않는 것이 업무 효율화의 첫걸음이다. 의미 없는 일을 없애면 정말 중요한 일에 집중할 수가 있어 그만큼 더 큰 성과를 기대할 수가 있다. 그리고 모든 일을 혼자 힘으로 해결하려 하지 말고 권한위임이나 자신의 브레인들에게 도움을 받는 것을 적극적으로 활용하기를 권한다. 이런 팀워크가 훨씬 좋은 결과를 만들어 낼 수 있기 때문이다.

자신의 목표와 꿈이 있다면 반드시 그에 대한 일정을 정해 일정표에 써놓는다. 목표를 달성하기 위해 무엇을 해야 할지 계획을 세우면 그것을 기록해서 행동에 옮겨야만 원하는 꿈과 목표에 더 가까이 다가갈 수 있다. 그런데 정작 노트에 일정이 적혀 있지 않다면 달성은 어렵다. 손으로 직접 쓰고 눈으로 확인해야 사람의 뇌리에 강하게 새겨지는 법이다.

재빠른 행동으로 거둔 앵그리버드의 성공

앵그리버드 게임은 다양한 새 떼들이 돼지에게 빼앗긴 알을 되찾으려고 몸을 던져 장애물들을 깨는 이야기를 그린 것이다. 이 스마트폰 게임을 만든 앵그리버드사의 헨리 로비오 수석부사장이 한국을 방문하면서 그들만의 성공비결로 빠른 실행력을 꼽았다.

그들은 회의도 5분 이내로 하거나 아무리 길어야 15분이면 모두 마치도록 한다. 업무 방향을 항상 '질(Quality)'에 최우선으로 맞추고 최상의 선택을 명확하게 하는 운영을 하고 있다.

그는 자기 회사가 성공적인 스마트 콘텐츠 사업을 하는 데 가장 중요한 사항은 바로 '전략적 방향과 그 방향을 지지하는 행동'이라고 꼽았다. 앵그리버드 게임은 지금 태블릿PC와 스마트TV 등의 기기는 물론이고 의류, 신발 등 오프라인으로까지 그 영역을 확장해가고 있다.

이 회사의 존재하는 방식은 바로 모든 불필요한 단계를 최소화한 점이다. 그것은 실행에 모든 초점을 집중하기 위한 것이다. 이런 기민한 의사결정과

나는 지는 법을 배우지 않았다

실행력으로 전 세계 수십억 명의 팬과 함께 영역을 넓혀가고 있다. 그들에게는 실행이 가장 중요한 전략이자 좌우명이다.

02

당신의 삶에서 가장
소중한 것을 지금 하라

삶에서 달라지는 것들

필자의 나이가 60대 중반을 넘어가면서 생각과 느낌이 예전과는 많이 달라졌다. 언제까지 현업을 계속할 수 있을런지, 또 비록 지금 겉으로는 멀쩡해 보이지만 건강은 얼마나 버텨줄지 하는 것이 가장 많이 떠오르는 생각이다.

또 얼마 전부터 주위의 알던 사람들이 갑자기 건강에 이상이 생겨 어려움에 부닥치거나 세상을 떠났다는 소식도 듣는 빈도가 높아졌다. 이런 소식을 듣게 되면 한 번씩 자신을 점검해본다. 혹시 내게 주어지는 어떤 메시지는 아닌지 따져보는 것이다. 그래서 최근에는 생각하다가 생명보험 하나를 추가로 신청했다. 아마도 그게 할 수 있는 가장 최선이라고 생각했던 거 같다.

작년부터 혈압이 생겨 약을 먹기 시작했고 중성지방이나 콜레스테롤 처방도 받기 시작했다. 최근 건강에 이런 현상이 나타나기는 했어도 별로 문제로 삼지 않았다. 이런 항목들은 너무 보편적인 건강상의 변화라서 60대 이전이라도 사람들에게 얼마든지 나타나는 것이기 때문이다. 요즘은 처방만 잘 따르고 운동만 잘해주면 보험회사에서도 이런 것들은 그리 크게 문제 삼지 않는 형편이다.

이렇듯 지금까지는 건강은 나와 아무런 상관없는 걸로 생각하며 살았는데 보험회사로부터 정작 통보된 내용은 내가 생각한 것과는 사뭇 달랐다. 약간 충격적이기까지 했다. 물론 그 내용 전부가 건강만 고려한 것이 아니라 문제는 다르지만, 이제는 나의 건강등급이 최상이 아니라는 증거를 인정할 수밖에 없게 되었다.

몇 년 전에 정기 점검받던 기억 하나가 떠오른다. 검진을 받던 날, 의사 선생님은 그날따라 평상시와 다르게 나의 목 언저리를 세심히 만졌다. 목 아래쪽 림프샘 어딘가에 뭔가 만져진다고 말하면서 계속 이곳저곳을 확인하는 눈치였다. 그리고는 나에게 초음파검사를 권했다. 폐 쪽으로도 X-ray를 같이 찍어보는 게 좋겠다면서 검사처방전을 작성해주었다.

머릿속이 정말 바빴다. 모든 경우의 수가 다 돌아다녔다. 진작 보험이라도 더 많이 못 들어놓은 게 제일 마음에 걸렸다. 물론 집에는 알릴 수가 없었다. 아직 확실하지도 않은 일에 온 집안을 지옥으로 만들고 싶지 않았기 때문이다. 다행히 그 후의 정밀검사에서 아무 이상이 없는 걸로 판정이 났다. 그때서야 사람 사는 일이 한순간에 지옥같이 될 수도 있음을 알게 되었다.

왜 '가장 소중한 것'을 '지금' 해야 하는가. 하루하루가 평범한 일상이지만 우리는 언제 어디에서 어떤 일이 일어날지 전혀 예상하지 못하기 때문이다. 어쩌면 평소에 너무도 당연하게 여겨온 것들과 한순간에 이별을 고해야 할지도 모른다.

우리 가운데 누구도 그때가 언제인지 아는 사람은 아무도 없다. 삶은 예측이 불가능하기에 더욱 소중하다. 생의 마지막에 후회하지 않기 위해, 다시 살 수 없음을 안타까워하지 않기 위해 '소중한 것'을 행하기를 유예하지 않아야 한다. 현재의 목표와 우선순위에 맞춰 살 때 종국에 남는 것은 무엇일까?

나는 지는 법을 배우지 않았다

내가 바라던 것들

돌아보면 나는 어떤 사람이라기보다 행복한 사람으로 살고 싶었다. 지금까지 살면서 다양한 경험을 겪었지만 내 꿈이 변한 적은 단 한 번도 없었다. 물론 중간중간 그 내용의 형태가 변한 적은 있었다. 살고 싶은 곳이라든가, 갖고 싶은 집, 차 또는 직업, 가족의 모습들 등등….

그렇지만 어느 것 하나도 나와 우리 가족의 행복을 희생하면서까지 얻으려 했던 것은 아니었다. 오히려 이렇게 한다면 행복하겠다는 생각이 항상 먼저 깔려 있었다. 그 때문에 몇 번 직장을 옮기는 일도 있었고 몇 나라를 옮겨 다니는, 흔하지 않은 이민의 길도 걸었다.

따라서 내가 하는 일들은 나와 가족의 행복을 위한 수단일 뿐이다. 돈이 필요하면 그때그때 필요한 만큼 일을 찾아서 하는 것이다. 물론 나는 내가 좋아하는 일을 하는 게 무엇보다 중요하다고 여긴다. 직장에서 보내는 시간이 긴 만큼 나의 정신적 행복도 양보할 수는 없는 것이다. 그래서 가능하면 내가 생각하는 행복의 요소를 더 많이 가진 환경을 선택하는 데 집중을 했다.

사실 일의 내용도 중요하기는 하지만 함께 일하는 팀의 구성도 그에 못지않게 중요하다. 사람들의 에너지는 나의 행복에 절대적인 영향을 미치기 때문이다. 또 일을 잘하는 사람도 되고 싶기도 하지만, 그보다는 몸과 마음과 영혼이 일과 함께 조화롭기를 기대한다.

여기에 진정한 행복을 위해 한 가지 더 생각해야 할 것이 생겼다. 언젠가 살면서 큰 벽에 부딪혔을 때 그것에서 벗어나려 온갖 시도를 하던 적이 있었다. 그 와중에 많은 책을 접하면서 앞에서 이미 나와 같은 길을 걸었던 사람들의 글을 발견할 수 있었다. 그들의 글에서 찾은 가장 중요한 해결책은 바로 감사였다.

그로부터 감사라는 말의 체험적 의미를 배울 수 있었다. 그전까지는 관념적인 감사만 있었다. 또 행복에는 반드시 감사가 수반되어야 함도 그때 배웠다. 단순히 일이 잘되어가는 게 진정한 의미의 행복은 아니었다. 감사 없는 행복이란 그냥 지나가는 바람과 같은, 순간의 기분이었을 뿐 바닥 깊은 곳에서 저미도록 느껴져 오는 행복과는 사뭇 다르다는 것도 알게 되었다.

혹자는 이렇게 말하고 있었다.

"인생에서 중요한 것들은 다 공짜다. 그걸 누릴 줄 알면 부자인 거야."

우리에게 값없이 공짜로 주어지는 것들이 넘치게 많지만 진정 그들로 인한 감사를 해본 적이 별로 없다. 아침에 눈을 뜨면 나의 코에 머물러 있는 호흡, 아침 샤워할 때 얼마든지 쏟아지는 물줄기, 귓가의 시원한 바람, 푸른 하늘에 떠 있는 구름, 시원한 소나기의 빗줄기, 눈부신 가을 햇살, 그리고 화려한 가을 단풍, 눈이 덮인 나무들과 들판의 아름다움, 차다 차게 시린 아침 공기, 숲길에 넘치는 향기들, 아침마다 환하게 웃어주는 아이들의 웃음, 새로운 세계로 안내하던 우연한 인연들, 나의 책을 사랑해주는 우정들….

하루에도 수없이 쏟아지는, 그냥 주어지는 이 행복을 미처 읽어내지 못하고 살았다. 그 이유는 바로 감사가 없기 때문이었다.

사람들에겐 앞으로 죽기 전에 해보고 싶은 수많은 버킷리스트가 있을 것이다. 그 도전은 정말 아름다운 일이다. 사람으로서 남들이 누려보지 못한 일을 수행하는 것은 자존적 즐거움이다. 그러나 그 목록을 하나씩 지워나가 모두 마친다 해도 다시 갈증이 있을 것이다. 그 갈증은 바로 진정한 행복을 아직 알지 못해서이다.

이 갈증을 없애고 그 성취의 즐거움을 배가시키는 비밀은 바로 감사라는 사실을 기억한다면 오늘을 사는 즐거움을 잃지 않을 것이다.

03

목표에
집중하라

인생의 목표

돋보기 렌즈를 가지고 종이를 태워 구멍을 뚫어본 어린 시절의 추억이 누구에게나 있을 것이다. 종이에 구멍을 내기 위해서는 한 곳에 초점을 제대로 맞추고 집중해서 렌즈를 비추어야 한다. 그렇게 집중해서 돋보기를 통해 빛을 모으고 있노라면 어느 순간 연기가 모락모락 나면서 종이가 타게 된다. 이때 돋보기를 이리저리 자꾸 옮기면 절대 종이에 구멍을 뚫을 수가 없다.

우리의 꿈과 비전 또한 이렇게 분명한 목표에 집중하여야만 한다. 목표가 산만하거나 수시로 바뀐다면 방향을 잃고 성취가 어렵게 될 것이다. 여기에 한 가지 예를 소개하고자 한다.

미국에 한 소년이 있었다. 그의 아버지는 가난한 떠돌이 악극단원이었고 소년은 아버지를 따라 미국의 이곳저곳을 다니면서 살아야 했다. 당연히 잠자리도 편하지 않았다.

어느 겨울날 그들이 댈러스에 왔을 때였다. 그해 겨울은 몹시 추웠는데 그들이 투숙한 여관은 난방도 되지 않아 밤새도록 담요에 몸을 감고 떨어야만 했다. 낮에는 천막을 쳐놓고 공연을 했지만, 날씨 관계로 관람객이 거의 없었고 따라서 수입도 없었다.

그러자 소년은 언 몸을 녹이려고 근처에 있는 성당으로 찾아갔다. 그곳은 그래도 바깥보다는 따뜻했기 때문이다. 그렇게 성당에 가서 앉아 있노라니 별로 할 일이 없어 그는 간절히 기도하기 시작했다.

"춥지도 않고 정기적으로 돈도 벌어 사람답게 살고 싶습니다. 도와주세요."

그러던 중에 소년의 마음속에 간절한 소원이 하나 생기게 되었다.

'나도 호텔을 하나 가졌으면 좋겠다. 호텔 사업을 해보고 싶다.'

그렇지만 소년의 상황에서는 도저히 이룰 수 없는 소원이었기에 소년은 '내가 너무 추우니까 이런 생각을 하나 보다.'라며 자기의 생각을 무시하고 말았다.

하지만 이튿날도 또 그다음 날도 성당에 와서 엎드려 기도하기만 하면 그생각이 떠올랐다. 간절하고 뜨거운 소망이 된 것이었다. '나는 악극단을 따라다니면서 이런 일을 하지 말고 호텔을 해야겠다.'라는 소원이 확고해졌다.

그 소원은 소년의 마음에서 믿음으로 바뀌고 있었다. 그는 '나라고 호텔 사업을 못 할 것이 뭐가 있어? 나는 비록 교육도 제대로 받지 못했고 떠돌아다녀야 하는 인생이지만 나도 호텔쯤은 할 수 있어.'라는 견고한 믿음을 갖게 되었다. 그리고 그는 이러한 믿음을 가지고 계속 열심히 기도했다.

그러던 중 마침내 그는 사람들을 설득해 투자자를 모아 1924년에 댈러스에 마침내 조그만 호텔을 세우게 된다. 그리고 그 호텔에 자기의 성을 따 '힐튼'이라는 이름을 붙였다. 바로 힐튼 호텔의 창업자인 콘래드 힐튼의 실제 이야기이다.

나는 지는 법을 배우지 않았다

떠돌이 악극단의 아들이 어떻게 전 세계적인 호텔 체인을 만들 수 있었을까? 그가 추위를 피하려고 들어간 성당에서 기도 중에 그는 인생의 목표를 갖게 되었다. 그리고 간절한 열망 가운데 그 목표에 초점을 맞추고 집중했기 때문에 일어난 기적 같은 이야기이다.

행복한 인생 목표

인생의 목표가 무엇인지 물으면 그냥 행복이라고 답하는 사람들이 많다. 우리가 말하는 행복해지고 싶다는 것은 삶의 내용과 그에 대한 감정으로 이루어진다. 행복해지고 싶다고 할 때는 보통 행복감을 뜻한다. 살면서 좋은 감정과 느낌을 유지하고 싶다는 말이다.

『윤대현의 마음 성공』이라는 책에서 저자인 서울대병원 정신건강의학과의 윤대현 교수는 이런 과정에 관해서 설명하고 있다. 그에 의하면 이 행복감을 계속 유지하는 것이 생각만큼 쉽지 않다. 그 이유 중의 하나는 사람의 뇌가 감정에 적응하기 때문이다.

행복한 내용이 생기면 행복감이야 찾아오겠지만 그리 오래가지 않는다. 느낌은 시간이 지날수록 옅어지기 마련이다. 이런 당연한 프로세스를 이해하지 못하면 행복감을 인생의 목표로 삼았다가 매번 그렇게 못 느끼면, 자신의 목표를 이루지 못한 것에 대한 불안감으로 오히려 불행해질 수가 있기 때문이다.

게다가 행복감 자체가 인생의 목표가 되면 점점 더 강한 자극을 쫓게 될 수 있다. 행복중독에 빠지는 것이다. 그렇게 되면 일상의 소소한 행복에 대해서는 뇌가 더는 행복감을 느끼지 못하게 된다.

그런 이유로 행복감이라는 느낌을 쫓기보다는 감정에 상관없이 가치 있고 행복한 활동에 집중하는 것이 좋다. 비록 큰 것은 아니더라도 평상시 작은 행복감을 줄 수 있는 활동을 하면서 그때그때 찾아오는 즐거운 마음을 갖는 것이 가장 좋다.

자동차를 발명한 헨리 포드는 '장애물이란 당신이 목표지점에서 눈을 돌릴 때 나타나는 것이다. 당신이 목표에 눈을 고정하고 있다면 장애물은 보이지 않는다'는 말을 남겼다. 이 말은 우리가 어떻게 목표를 바라봐야 하는지에 대한 고찰이다.

만약 우리가 행복한 삶을 영위하고 싶다면 이 목표에 집중할 수 있는 나름의 프로세스를 찾아 가동하는 것이 필요하다. 그리고 그러한 목표가 달성되도록 꾸준히 시스템을 작동시키고 수시로 모니터하지 않는다면 행복이란 목

나는 지는 법을 배우지 않았다

표는 한때의 좋은 바람으로 전락하고 말 것이다.

행복해지기 위한 이런 프로세스에 대하여 윤대현 교수는 운동하면 근육량이 늘어나는 것처럼 행복을 키울 수 있는 '행복 피트니스'를 소개하고 있다.

1. 자신이 받은 축복을 세어보기. 하루 또는 한 주간 동안 있었던 3~5개의 행복한 사건, 감사해야 하는 일을 행복일지에 작성한다.

2. 친절한 행동을 실천하기. 큰 봉사나 헌신이 아니라도 주위에 작은 친절을 베풀어본다.

3. 인생의 즐거움을 음미하기. 순간의 기쁨과 즐거움에 집중해보는 것이다. 또 울적할 때 행복한 시간을 회상하는 것도 도움이 될 수 있다.

4. 멘토에게 감사하기. 인생의 중요한 시점에 방향을 제시해준 고마운 사람에게 고마움을 표현하는 것이다.

5. 용서하는 법을 배우기. 용서란 바로 나를 위해 용서하는 것이다. 용서하지 못하는 사람은 끊임없이 분한 마음탓에 그에게 행복감은 존재하기 어렵게 된다.

6. 가족과 친구에게 시간과 에너지를 투자하기.

7. 건강을 챙기기. 규칙적인 실천은 일상생활을 더욱 만족스럽게 만들어줄 것이다.

나는 지는 법을 배우지 않았다

04

결과보다
과정을 즐겨라

나의 과정 찾아내기

이민을 오고 나서 처음 시작한 영업일은 도무지 가닥이 잡히지 않았다. 훈련이 충분히 되지 않은 상태였지만 당장 돈을 벌어야 했기 때문에 실적을 만들어내는 일이 급했다. 회사의 훈련 시스템도 있었지만, 그에 대한 이해가 많이 부족했다.

우선 종이를 펴고 내가 당장 한 달 생활에 필요한 금액을 확인해 적었다.

그리고 이 일이 과연 내가 감당할 만한 일인지를 확인하는 평가를 생각했다. 이것은 영업이라는 업무를 내 머리로 이해해보려는 시도였다. 그렇게 해서 이해가 된다면 좀 더 내가 업무에 집중하는 데 도움이 될 것 같았다.

당장 렌트비와 식비 등의 생활비용을 충당하기 위해서는 적어도 월 3,000 달러가 필요했다. 그리고 내가 영업직을 계속할 건지를 판단하는 기준으로 6개월을 테스트 기간으로 잡았다. 만약에 앞으로 6개월간 총 18,000달러를 벌게 되면 이 일은 내가 계속할 만한 일이라고 생각하기로 한 것이다.

그다음엔 월 필요금액을 주 단위로 내려와 계속 분석했다. 월간 필요 수입을 주 단위의 목표액으로 분해했다. 그리고 주에 반드시 팔아야 하는 금액을 산출해 냈다. 사실 나는 그때 겨우 필요한 라이선스만 취득한 상태였으므로 여전히 회사의 제품이나 일의 내용에 대해서는 아는 게 거의 없었다.

한 주간의 실적 목표액이 정해지자 그다음 이를 위해 내가 할 수 있는 게 무엇인지를 생각하기 시작했다. 나는 아직 제품에 대한 이해나 제시, 클로징 등과 같은 실무 내용에 약하므로 이런 변수에 대응할 대책이 필요했다. 그리고 무엇보다도 당장 만날 잠재 고객의 이름들이 필요했다.

또 거래 건당 평균의 금액과 클로징 평균 성공률 또 실패를 고려해 만들어야 할 약속의 수도 생각해보았다. 그렇지만 이런 것들은 아직 나의 데이터가 전혀 없는 관계로 주위의 일반적인 의견을 들어야만 했다. 차차 앞으로 일하면서 확인해야 할 것들이었다.

이런 식으로 하나하나 정리하면서 하루의 시간 계획까지 나아갔다. 영업의 초보였지만 덧붙여 고려했던 사항은, 가능하면 내가 좋아하는 내용을 중심으로 일을 나눴고 아직 내게 어려운 기술은 누군가와 나눠서 하고 발생하는 수익을 나눠 갖는 걸로 원칙을 정했다. 몇 주간 시간 날 때마다 생각하면서 만든 나만의 원칙을 정리했다.

1. 아침 시간은 가장 먼저 출근한다. 8시까지는 사무실 도착하기.
2. 출근 후엔 아침 QT를 최우선으로 한다.
3. 아침 10시 이전에 2개의 약속을 만든다.
4. 아침 10시 30분엔 사무실 밖으로 나간다.
5. 하루에 5명은 대면해서 만난다.
6. 하루의 마감은 엑셀 시트를 정리한다(명단과 잠재 고객의 정보 정리).

당시에 이런 걸 만든 이유는 내게는 아직 어렵기만 한 영업을 생각하지 않고도, 루틴으로 계속해나가다 보면 영업이 부산물로 일어나는 걸로 볼 수 있겠다는 생각에서였다. 그리고 그 여섯 가지 일은 내가 그다지 어렵지 않게 할 수 있는 것들이어서 영업 초짜의 부담이 훨씬 적을 것 같았다.

지금도 내가 가장 중요하게 생각하는 업무 원칙은 일이란 게 혼자서 다 하는 게 아니라는 점이다. 그래서 내게는 나의 일을 분담해서 할 수 있는 파트너를 갖는 게 항상 중요하다. 그러면 서로 잘하는 역할을 분담해서 더 큰 성과를 내지 않을까 하는 생각을 한 것이다.

이런 시도 덕분이었는지 시작한 지 3개월이 채 안 되어 원래 6개월의 목표치인 18,000달러 실적을 내었고, 또 그런 업무 태도의 영향이었는지 얼마 가지 않아 매니저 직책의 오퍼를 받게 되었다.

Do the right thing!

지금 생각해도 영업 초짜였던 내가 잘한 점은 어려울 수밖에 없는 영업을 내게 맞도록 손쉽고 즐겨 할 수 있는 일로 풀어낸 것이 아닐까 한다. 거의 20년이 된 이 시점에도 대부분 같은 활동을 하고 있다. 지금은 내가 하는 일의 내용이 현장 영업으로부터 팀 관리와 리쿠르팅으로 바뀌었지만, 내용은 결국 같은 프로세스이다.

물론 지금이야 매니저이므로 정해진 기간의 팀 실적을 내는 게 중요하지만, 그것을 다시 일상의 활동으로 나눠 필요한 것들을 확인해서 그때그때 해 나간다면 결과는 역시 따라오기 마련이다. 일을 수행하기 전에 어떤 일을 해야 하는지 확인하고 이를 제대로 처리해 나가는 것이다. 올바른 절차와 방법으로 하는 것은 결국 전체적으로 일의 완성도를 높여주고 자연스럽게 좋은 결과를 만들어내기 때문이다.

사실 매니저의 초기 시절엔 다분히 결과를 중요시한 시도도 했다. 영업이란 게 결국 결과가 없으면 안 되는 것이기 때문에 팀의 활동을 그런 방향으로 드라이브하는 시도가 없었던 건 아니다. 그러나 어떤 결과를 내기 위해 어떻게 중간 프로세스를 이끌어 나갈지는 얼마든지 나의 선택으로도 가능한 것이다.

결과보다 과정을 강조하는 방법으로는 결과를 얻을 수 있으면서도 재미있는 일로 다시 업무 내용을 조정하는 것이다. 게임으로 만들어 모두에게 재미를 주는 방법도 좋은데 비록 크지는 않아도 작은 상품을 통해서 재미와 성취감을 얻게 하는 것도 효과적이다.

결과가 좋지 않으면 과정이 도대체 무슨 소용이냐고 생각할 수도 있지만 과정이 유쾌하지 않으면서도 결과가 좋게 나온다면 그 결과는 반드시 짚어 봐야 할 것이다. 특히 앞서 말한 경험이 많지 않은 필자의 경우처럼 업무를 배우는 측면에서 볼 때, 결과만 강조하는 것보다 과정으로 해석하는 일이 훨씬 효과적이기 때문이다.

안타깝게도 현실적으로는 직장생활을 하다 보면 어쩔 수 없이 결과에 더 집중해야 하는 경향이 많을 것이다. 다시 말해 그런 결과가 나온 과정들에 대해서는 생각을 그만큼 덜 하게 된다는 말이다. 물론 시간적이나 업무의 중요도에 밀려서 충분히 분석할 시간이 없다는 것도 이해가 가지만, 결과만으로 전체의 내용을 판단하는 것은 전혀 적합하지 않다.

하루의 일을 시작하기 전에 얻게 될 성과에 대한 기대를 긍정의 프로세스로 풀어간다면 반드시 그에 부응하는 결과는 따라올 것을 믿어 의심하지 않는다.

나는 지는 법을 배우지 않았다

05

재산보다
평판을 쌓아라

에어비앤비 경험

미국은 정말 자동차 여행의 천국이다. 미국 내 지역별로 다양한 볼거리와 편리함, 그리고 친절함이 어디든지 넘쳐 있다. 그야말로 여행하기에 너무 좋은 조건들을 갖추고 있다. 따라서 우리 가족은 자주 장거리 자동차 여행을 갖곤 한다.

여행을 준비하면서 일단 코스가 결정되면 그다음에 생각하는 것은 숙소이다. 여행 기간이 며칠부터 길면 몇 주까지 이어져 당연히 비용의 가장 많은 부분을 차지하기 때문이다. 예전 같으면 호텔 또는 모텔에서 주로 묵었었다. 하지만 얼마 전부터는 에어비앤비가 많은 부분을 차지하기 시작했다. 그 이유로는 모텔도 없는 작은 마을들에서도 꽤 괜찮은 곳을 저렴하게 묵을 수 있는 편리함 때문이다.

앱에서 예약하면 주인이 상세하게 도착에 맞춰 준비해주고 또 머무는 동안도 자세한 지침을 주기 때문에 불편함이 전혀 없다. 또 하나 좋은 점은 장소마다 머무는 가정의 특징들을 살펴보는 재미도 쏠쏠하다. 언젠가 뉴욕주의 북쪽을 여행하면서는 70대 부부가 주인인 집에서 묵었는데 근사한 저녁 식사에 초대되어 아주 즐거운 만찬을 나눈 적도 있다. 에어비앤비가 아니면 맛볼 수 없는 장점이다.

여행을 마치고 나면 주인으로부터 반드시 평가를 남겨달라는 메일을 받고 간단한 평을 남기곤 한다. 정말 재미있는 점은 에어비앤비의 주인도 여행자에 대한 평가를 역시 앱에 남긴다는 사실이다. 당시 만난 주인 노부부는 우리 부부에 대해 얼마나 감동적인 평을 남겨주었는지 모른다.

나중에 여행자가 또 다른 에어비앤비가 필요해 숙소를 구할 때는 앞에서 받았던 여행객에 대한 평가에 따라 주인이 방의 사용을 승인을 결정할 수도 있는 것이다. 요즘 여행객이 방을 사용하고서 엉망으로 만들어놓은 사례가 심심치 않게 나오는데 그런 피해를 막기 위한 수단이다. 따라서 집주인은 여행객의 온라인 평판을 확인하고 방의 사용 여부를 결정하는 것이다.

평판은 중요한 자산이다. 좋은 평판을 지닌 사람은 어디서나 환영을 받을 수 있다. 하다못해 이베이에서 물건을 팔거나 이처럼 에어비앤비에서 방 하나 빌릴 때도 온라인 평판이 좋아야 한다. 요즘은 이렇게 평판을 온라인으로도 확인할 수 있는 시대가 된 것이다.

그뿐만 아니라 요즘 미국 생명보험의 가입과정 심사 절차도 변하고 있다. 예전에는 사전 건강검사에 의해 결정을 내리고는 했지만, 이제는 그것보다 고객의 데이터베이스에 실려 있는 그에 대한 평가로 결정을 내리고 있다.

평판 관리하기

"평판에서 중요한 것은 진실이 아니라 인식이다. 기본적으로 평판은 타인이 내리는 판단이다. 다시 말해, 그 사람의 참모습이 아니라, 다른 사람들의 눈에 비친 모습이다."

– 『평판게임』 (데이비드 월러·루퍼트 영거)

이 말은 평판이란 게 어떤 것인지를 이야기해주는 정의라고 생각한다. 과거처럼 커뮤니케이션 속도가 느리고 전문가의 평가가 권위를 가지던 때와는 다르게 지금은 낯선 사람과의 교류가 쉽게 일어나 누구든지 사회적 평판을 조성할 수 있는 시대가 되었다.

사실 이미 많은 사람이 온라인에서 자신들의 세계를 만들어 활동하고 있다. 거기엔 각자가 활동하며 생겨나는 많은 기록이 남게 되고 그로 인해 관계된 다른 사람들에게 각자 나름의 기준대로 평판이 생겨난 것이다. 이렇게 함으로써 생성된 온라인상의 평판은 다른 어떤 자료보다도 더 적극적으로 활용하는 사회가 되었다.

아마 기업의 경우는 그 파급력이 훨씬 클 것 같다. 아무리 실력이 뛰어나도 평판이 뒷받침되지 않으면 기술이 가진 기술적 힘을 발휘하지 못하게 되기 때문이다. 대한항공이 '땅콩 회항' 사건 때문에 기업 총수 일가가 갑질 논란에 빠졌다. 그들이 그런 몸살을 앓은 것은 평판이라는 것이 요즘 사회에 어떻게 작용하는지를 보여주는 전형적인 예가 되었다. 한편 오뚜기는 '갓뚜기'라는 착한 기업 이미지를 갖고 나서 매출이 10년 만에 2배 이상 뛰었다고 한다. 이처럼 기업도 어떤 평판을 얻었는지가 일의 성패를 좌우하는 시대가 된 것이다.

아무리 가진 것이 많아도 좋지 않은 평판으로 그동안 어렵게 쌓은 것을 잃는 것이 그야말로 순식간이 되기도 하고, 아무리 가진 것이 없어도 좋은 평판으로 뜻하지 않은 부를 얻는 걸 보는 게 다반사가 된 요즈음이다. 그만큼 평판은 중요하게 관리가 필요한 항목으로 자리매김을 하게 된 것이다.

기자이면서 평판 전문가인 데이비드 윌러와 루퍼트 영거는 그들의 공저인 『평판 게임』에서 자기들의 연구 결과를 이렇게 설명하고 있다. 그들에 의하면 평판게임에는 세 가지 요소가 있는데 바로 행동, 네트워크, 스토리다.

이 중에서 행동은 자신을 보여주는 '제1의 얼굴'이다. 세계적인 유명인들이 스캔들이나 약물중독 등으로 무너지는 경우처럼 그들 자신이 잘하는 것만큼이나 '올바로 하는 것'도 중요하다는 사실이다. 이런 이유로 아무리 뛰어난 실력과 책임 있는 태도를 지녔다고 해도 자신이 가진 가치를 널리 알리기 위해서는 네트워크를 적극적으로 활용하는 게 필요하다. 브랜딩의 가치를 알아야 한다.

흔히 사람들은 평판이 자신에 관한 판단이기 때문에 일단 만들어진 평판은 바꾸기 어려울 것이라고 생각한다. 그렇지만 이 책에서는 평판의 메커니즘을 이해하고 제대로 전략만 세운다면 누구든지 사람들의 마음을 움직이는 결과를 끌어낼 수 있다고 말한다.

필자는 오랫동안 SNS를 브랜딩의 툴로서 사용해왔다. 이로써 자신 없던 마케팅을 할 수 있어 큰 도움이 되었다. 그동안 경험 많은 전문가들의 도움도 컸는데 그들에 의하면 평판 관리가 생각만큼 그렇게 어렵지 않다고 조언했다. 조급해할 필요 없이 자신이 가진 모습을 성실히 보여주면서 주위 사람들과 꾸준히 신뢰를 쌓아간다면 반드시 좋은 평판을 자연스럽게 얻을 수가 있다. 매일 조금씩이라도 긍정적인 포스팅을 습관화하는 것은 상당히 좋은 전략이 될 수 있다. 그리고 누군가에게 나의 긍정적인 에너지를 보내주는 방편으로 SNS만큼 편리한 곳도 없으므로 얼마든지 좋은 평가를 빠르게 쌓아갈 수 있을 것이다.

자신의 평판에 대한 객관적 평가가 우선되어야 할 것이다. 그러면 다음에 어느 곳으로 나갈지 방법은 따라오리라 믿는다.

마지막으로 평판과 관련하여 워런 버핏의 한마디를 소개한다.

"버크셔 헤서웨이가 돈을 잃을 수도 있습니다. 아주 많이 잃어도 괜찮습니다. 하지만 명성을 잃어서는 안 됩니다. 단 한 티끌이라도."

06

스마트하게
일하라

보스는 가장 중요한 고객

스마트하게 일한다는 것은 목표에 대해 효율적인 노력을 기울임으로써 일의 가치를 극대화하는 것을 의미한다. 똑똑하게 일하는 사람들은 그렇지 않은 사람들보다 자기가 하는 일에 대해 더 높은 성취감과 만족감을 느낀다. 열심히 일하는 것은 물론 중요한 성공의 열쇠이겠지만 만약 보다 스마트하게 일을 할 수가 있다면 일의 효율도 더 올릴 수 있을 것이다.

그래서 요즘은 '워크 하드(work hard)'와 '워크 스마트(work smart)'란 말로 일하는 방식을 비교하고 있다. 이런 경향이 기업 내 조직문화를 바꿔 '똑똑하게 일하기'가 확산하는 분위기다. 바로 기존의 '나인 투 식스'의 획일적인 근무 방식에서 벗어나 더 자율적인 분위기에서 효율과 창의의 두 마리 토끼를 노려보는 방식이다. 형식의 틀을 깨어 효율을 높여보자는 의미다.

그러나 필자는 지난 세월동안 일하면서 가장 중요하게 본 한 가지, 보스와의 관계를 특별히 생각해 보고 싶었다. 미국의 보험영업에서 20년간 몸담았던 경험에도 이것은 결정적일 만큼 내 경력에 영향을 미쳤다. 여타의 스마트하게 일하는 방식이나 아이디어에 대해서는 이미 이것을 다룬 책이 시중에 많이 나와 있으므로 함께 참고하면 도움이 될 것이다.

굳이 내가 지금 일하고 있는 미국이라는 나라를 언급하지 않아도 보스 또는 상사와의 관계는 많은 사람의 조직 생활에서 빼놓을 수 없는 주제다. 몇 년 전에 방영된 드라마 〈미생〉만 보더라도 조직 생활에서 보스의 역할이 얼마나 직원들의 삶을 지배하는지 알 수 있다. 필자도 예전 생각을 하며 그 드라마를 인상 깊게 본 적이 있다.

영업사원들을 채용하고 또 그들과 함께 일하는 동안 나도 위에 보스가 있고 또 아래에 부하직원들이 있어서 어떤 것이 조직에서 성공할 수 있는 길인지를 종종 생각하는 기회를 가졌다.

나는 지는 법을 배우지 않았다

보통의 경우 사람들은 보스는 영원히 불편한 관계라고 생각을 한다. 결국 자신들의 업무를 확인하고 평가하는 역할을 하고 있으므로 어쨌든 껄끄러울 것이다. 나도 한국에서 직장생활을 하는 동안, 직속 라인에 있던, 상당히 다른 상사 두 사람 사이에서 어려움을 크게 겪은 적이 있다. 바로 위 상사와 그 위의 상사의 성격이 판이해 기안 하나를 가지고 매번 두 사람 사이에서 샌드위치처럼 끌려다니던 경험을 한 것이다.

그렇지만 나의 직장 철학은 보스를 고객처럼, 그것도 가장 중요한 고객처럼 대우하는 것이다. 그들의 만족을 밖에 있는 고객보다 내 업무의 가장 우선순위에 두는 것이다. 이것은 단지 상사에게 잘 보여 승진이나 하자는 것과는 좀 다른 이야기이다.

조직의 관리자들은 그들이 해내야 할 조직의 목표를 위해 팀을 이끄는 사람이다. 따라서 부하들이 다 이해할 수 없는 나름대로 원칙과 방향이 있기 마련이다. 그들은 노심초사 어떻게 목표를 달성해야 할지를 머릿속에 담고 있다.

나도 조직에서 일하지만 사람들의 업무능력은 그야말로 천차만별이다. 마치 학교에서 하는 수많은 테스트에 답을 쓰는 요령도 모르는 학생처럼 일에 임하는 사람이 많다. 정말 조직에서 원하는 답을 찾아 해결하는 능력에 사람마다 많은 차이가 있는 것이다.

업무 중에 보스들에게 귀를 기울이면 업무가 훨씬 수월하다. 업무 효율에 지대한 영향을 미치기 때문이다. 예단하지 않고 그들이 말하는 내용을 잘 들으면 정말 업무가 쉬워진다. 많은 경우 생각의 차이로 보스와 각을 세우지만 아무리 어처구니없어 보여도 보스들의 의견에 훨씬 정답으로 가는 길이 많다고 생각을 한다. 물론 필자도 깜냥이 안 되는 상사를 만나 고생을 한 적이 있지만, 대부분은 그들의 방식이 옳았다는 것을 말하고 싶다.

보스들에게는 우리가 알지 못하는 많은 권한이 있다. 평가에서나 업무 내용에도 그들이 가진 재량이 있어 얼마든지 업무에 도움을 받을 수가 있음이다. 필자도 잠재 고객의 명단도 입수해 일을 더욱 효율적으로 처리하는 부하 직원에게 나눠주던 경험도 있다. 물론 차별하면 안 되겠지만 중요하여 완성도가 필요한 일이라면 아무래도 잘하는 사람에게 줄 수밖에 없기 때문이다.

마이크로 매니지먼트를 피하는 방법

사람들은 매니저와 일하면서 직장을 떠나는 큰 이유의 하나로 마이크로 매니지먼트를 든다. 꼬치꼬치 사람을 들볶는 상사들의 간섭을 피하려 하는 것이다. 물론 상사의 성격이 종이 한 장 두는 법까지, 그리고 복장 하나하나까

나는 지는 법을 배우지 않았다

지 따져가며 지적할 정도로 까다로운 사람도 보았다. 이런 경우는 차치하더라도 업무의 세부에까지 잔소리를 듣는 것은 정말 자존심 상하는 일이다. 이런 경우 나는 이런 조언을 하고 싶다.

'보스를 궁금하게 만들지 말라.'

사람들은 보스들이 자신이 하는 것을 다 꿰뚫고 있어 지금 무얼 하고 있는지 다 알고 있다고 생각을 한다. 그래서 굳이 세세히 보고를 하지 않아도 될 것이라고 근거 없이 그냥 믿어버린다. 그렇지만 보스의 업무 노트에 아직 끝난 것으로 되어 있지 않으면 그것은 아직 되지 않은 일이다. 그 완료 여부는 나의 보고로 완성된다.

똑똑하게 일하는 사람들은 일하는 과정을 투명하게 보스와 공유를 한다. 그에게 내가 지금 하는 일에 대한 궁금증이 없게 만드는 것이다. 가장 좋은 방법은 그가 묻기 전에 미리 진행 상황을 알려주면 된다. 정식보고가 아니더라도 메일, 메신저 또는 전화 한 통이면 얼마든지 소통할 수 있다.

요즘처럼 코비드의 팬데믹 상황엔 특히 제대로 된 소통이 절실히 요구된다. 이제는 예전과 같은 업무 진행은 정말 어렵게 보인다. 업무공간도 분리되고 회의조차 온라인 툴로 해야 하는 세상에 제대로 일하는 방식을 파악하지 못하면 그야말로 많은 혼선이 야기될 수밖에 없다.

여기에 조직의 보스들에게 많은 딜레마가 있는 것이다. 설사 팬데믹이 다행히 지나간다 해도 일하는 방식은 이미 너무 많이 달라져 예전처럼 돌아가기는 쉬워 보이지 않는다.

스마트하게 일하는 사람들은 일하는 동기가 분명하다. 또 일의 성취를 위해서 어떤 계획으로 움직일지, 그리고 어떤 자원들을 가동할지 스스로 찾아내어 추진하는 능력을 갖추고 있다. 그들에게는 무엇보다도 일을 끝까지 해내는 능력이 있다.

07

스스로 결정하고
실행하라

결정 기피

미국에서 살면서 지인들하고 레스토랑에 가서 메뉴를 선정할 때는 늘 쉽지 않다. 익숙하지도 않은 항목을 골라서 일일이 주문해야 하기 때문이다. 물론 미국은 다양한 문화가 섞여 있는 곳이라 음식의 종류가 너무 많은 것도 이유다. 하지만 더 큰 이유는 함께 자리하는 사람들의 분위기에 생뚱맞게 고르지 않고 싶어서이다. 그래서 가능하면 다른 사람이 고른 메뉴에 큰 고민 없이 그냥 따라가는 편이다.

또 혹시 누군가의 대접을 받는 자리라면 대접하는 사람에게 폐가 안 되는 범위의 가격도 신경을 쓰게 된다. 예전에 어느 식사에 일 때문에 사람 하나를 초대를 했더니 그는 그 자리에 자기 아는 사람 몇을 양해도 구하지 않고 불러 내 주류까지 잔뜩 시켜 아주 난장을 친 일이 있었다. 나로서는 돈도 돈이지만 이들이 자리를 파할 때까지 기다려야 하는 큰 불편함이 있었다.

그러다 보니 사전에 이것저것 신경이 많이 쓰인다. 이런 모습은 종종 내 결정력에 문제가 있는 것처럼 보이기도 할 것 같다. 사실 이런 기질은 어제오늘의 문제가 아니라 어릴 때부터 있었다. 회의에 들어가도 내 단독의 의견을 개진해 고집을 부려본 적이 없는 것 같다.

호주에서 직장생활을 할 때의 이야기다. 당시 우리 회사는 관광객들을 상대로 고가의 명품제품들을 판매하고 있었는데 종종 이런 업무에 관한 직원 교육을 했다. 트레이너는 각 나라의 민족성에 대해 놀라울 만큼 잘 파악하고 있었다. 특히 아시아의 일본, 중국, 한국의 기질을 제대로 이해하고 있었다.

예를 들면 이렇다. 일본 사람이 명품을 살 경우라면 제대로 흠 없고 가장 좋은 제품을 권하되 종류가 귀한 것일수록 팔기가 쉽다고 알려주었다. 반면에 중국 사람들의 경우에는 가장 좋은 제품을 권하되 어떤 표가 잘 안 나는 흠으로 인해 큰 폭으로 할인할 수 있는 제품이 인기가 있을 거라고 가르쳤다.

나는 지는 법을 배우지 않았다

그런데 한국 사람의 경우는 조금 달랐다.

한국 사람들은 주로 혼자가 아닌 소그룹으로 올 텐데 그중에 누가 오피니언 리더인지를 파악하는 게 중요하다고 했다. 일단 파악이 되면 그에게 집중해서 판매하라고 알려줬다. 일단 그가 마음을 정하면 나머지 사람들은 대개 그 리더를 따라 살 경향이 많다고 했다. 그 당시 필자도 그 자리에 앉아 교육을 받고 있었지만 정말 기가 막힌 관찰이었다.

만약 직장의 동료가 함께 물건을 사는 경우라면 한국 사람은 자기만 튀려 하고 싶어 하지 않는다. 혹시 상사 혹은 남들과 유독 다르게 보였다가 계속 마음이 편치 않을 걸 피하고 싶기 때문일 것이다. 바로 꼭 내가 그랬다. '친구 따라 강남 간다'는 속담처럼 우리는 자기 일에 대해서도 자신이 원하는 것보다 다른 사람들과의 관계 때문에 주저하며 살고 있다.

이런 현상을 결정 장애라고까지 말할 수는 없겠지만, 어쨌든 이런저런 이유로 스스로 결정하는 것을 포기하고 만다. 이와 유사한 현상으로 햄릿 증후군이라는 말도 있다. 셰익스피어의 '햄릿'에서 주인공이 결정하지 못하고 갈등하는 모습에서 생긴 말이다.

결정하지 못하는 이유

사람들이 결정을 지나치게 주저하는 진짜 이유는 무엇일까? 요즘 아이들은 적게 낳아 잘 기르자는 시대에서 살고 있다. 예전에 한 집에 형제가 3-10명씩 있어 자랄 때는 모든 게 경쟁이었다. 부모가 아이들을 다 일일이 챙길 수가 없었다. 아이들은 각자 알아서 커야 했다.

그러나 요즘은 상황이 매우 다르다. 각 가구당 한두 아이만 낳고 대신 부모는 그야말로 그들에게 집중한다. 아이들은 스스로 결정을 할 필요가 없다. 모든 결정을 부모가 다 해주는 상황이기 때문이다. 요즘 말로 마마보이라고 하는 상황이다.

어떤 결정이 필요할 때마다 엄마에게 물어보고 하는 것이 습관이 되었다. 군에 입대할 때도 부모가 따라간다. 직장에 취직하려고 인터뷰할 때도 부모가 쫓아다니는 형편이고, 막상 취직해 직장에서 일할 때도 부모나 다른 사람의 도움이 필요하다. 결혼조차 부모가 정해준 사람과 하기도 한다.

이들은 스스로 리스크를 안고 결정할 능력이 없다. 어쩌면 결정권을 포기한다. 훈련이 안 되어 있기 때문이다. 어쩌다가 자신이 모처럼 결정한 것에 대해 남들이 반대 의견을 내면 그야말로 전전긍긍이다. 자신의 결정을 자기 아이디어로 방어할 엄두조차 내지 못한다.

리스크를 두려워하는 마음은 책임 회피 때문이다. 그래서 스스로 결정하는 것을 미루고 타인들에게 모든 책임을 전가해버리는 것이다. 혹시 일이 잘 못되었을 때 쏟아지게 될 비난으로부터 미리 달아나는 것이다. 그래서 비록 남들이 결정한 것이 모두 마음에 들지 않아도 앞에 나서지를 못한다.

아마도 결정을 하지 못하는 또 다른 이유로는 완벽주의 때문일 수도 있다. 모든 것이 완벽하지 않으면 진행하지 못하는 성격 때문에 결정을 계속 미루는 수도 있다. 이 역시 나중에 일이 잘못되었을 때 본인에게 닥칠지도 모르는 비난을 회피하려는 마음에서 비롯된다.

그러나 세상에 완벽한 것은 없다. 항상 모든 것은 조금씩 지금보다 조금씩 더 낫게 개선함으로써 발전하는 것이다. 이것은 결정과 아무런 상관이 없음을 알아야 한다.

필자도 두 명의 극단적인 상사 사이에서 서로 결정을 미루는 바람에 기안을 몇 십 번이나 고쳐 쓴 적이 있었다. 함께 일해야 하는 리더들이 이런 상태에 있으면 조직은 정말 어려워진다. 따라서 직장에서 직급이 올라가고 조직을 이끌어야 하는 처지라면 리더가 가질 엄청난 영향력에 대해 인지하고 그에 대해 준비를 하는 게 당연하다.

어쨌든 사람들 각자는 자신의 삶을 스스로 결정할 수 있는 능력을 키워야만 한다. 여기에는 당연히 실패도 따를 수 있을 것이다. 그렇다고 결정 자체를 미루거나 회피만 할 수는 없다. 당연히 겪게 될 실패로 인해 더 큰 인생에 대한 도전을 준비하는 과정임을 깨달아야 한다. 세상의 모든 일은 이렇게 실패를 통해 배우기 때문이다.

우리에게는 완벽하지 않더라도 도전할 수 있는 용기가 필요하다. 자신의 자존감은 본인이 키워야 할 몫이다. 실수가 있더라도 당당하게 받아들이고 이로부터 진보하도록 행동하는 습관을 길러야만 한다. 세상의 모든 일이 꼭 정답을 갖고 있지는 않다. 당연히 결정도 마찬가지다. 자신의 경험과 직관이 있으면 얼마든지 일은 잘될 수 있는 것이다.

누군가가 말했듯이 삶은 풀어야 할 문제가 아니라 경험해야 할 신비이다. 내가 내리고 나아가는 결정의 끝에 그런 신비로움이 있을 것이다. 우리에게 그런 인생의 비밀을 만날 자격이 충분히 있음을 스스로 인정하는 것이 그 모험의 첫발이다. 누구에게도 양보하지 말고 인생의 모든 빛나는 모습을 볼 수 있기를 기원한다.

나는 지는 법을 배우지 않았다

08

기꺼이
경쟁을 즐겨라

경쟁하는 사회

어릴 때부터 우리는 경쟁을 직면하고 산다. 입시와 취업, 승진, 인간관계까지 현대인들은 모든 것이 치열한 경쟁의 대상이 되는 현실에 놓여 있다. 그리고 그 모든 경쟁에서 살아남고 이기기 위해 우리는 필사의 노력을 한다.

필자가 자랄 때는 매번 상급학교로 진학할 때마다 입시지옥을 치러야 했다. 입시를 앞둔 학교의 마지막 해는 일 년 동안 자신들의 시험 석차를 학교

게시판에서 볼 수 있었다. 반성적이 아닌 학년 전체의 성적을 다 공개했기 때문이다. 대학교에 올라가니까 이번에는 학번의 끝자리가 성적순으로 정해져 있었다. 마지막 번호가 1로 끝나면 학과에 들어간 등수가 1등이라는 뜻이었다. 요즘은 그런 제도가 어떻게 바뀌었는지는 모르겠지만 필자가 자라던 시절은 그랬다.

이런 경쟁 가운데 자라난 세대는 자기의 등수를 누가 뭐라 하기도 전에 스스로 매기고 살아간다. 그리고 이런 마음을 가진 채 학교를 마치고 사회에 나오면 정작 더 치열한 경쟁이 기다리고 있다. 그나마 어렵사리 들어간 직장에서는 남에게 뒤지지 않기 위해 필사적인 노력을 해야만 한다. 사람들은 극심한 피로감과 스트레스를 호소하고 또 그런 감정들을 지닌 사람들의 삶 가운데 그대로 나타난다.

그렇게 힘들게 살다가 문득 지나온 시간을 뒤돌아보면 거기엔 내가 없다. 도대체 무엇 때문에 사는 건지 회의가 생긴다. 소위 말하는 행복과 나는 아무 상관없는 인생을 살고 있음을 깨닫는다.

그러면 이런 모든 경쟁 가운데서 살아남게 되면 과연 행복해지는 걸까? 정말 그럴까? 지금 내가 서 있는 이곳에서 행복해지는 방법은 없는 걸까?

나는 지는 법을 배우지 않았다

우리 대부분이 이미 경험하여 깨닫고 있듯이 노력으로 경쟁에서 승리할 순 있어도 그게 꼭 행복으로 연결되는 건 아니다. 돈과 명예, 권력 모두를 갖고 있으면서도 불행하게 살아가는 사람들을 우리는 주변에서 얼마든지 만날 수 있지 않은가.

이런 관점에서 보게 되면 경쟁은 인간사의 중요한 수단 중 하나이지만 분명히 어떤 이해가 필요한 것임이 틀림없다. 경쟁 자체가 사람이 살아가는 이유가 될 수 없는 것이다. 만약 경쟁이 타고난 본능이며 어쩔 수 없는 현실이라면 과연 어떻게 대처하는 것이 가장 바람직할까?

어떤 사람들은 바로 이 경쟁을 통해 자신들의 탁월한 성취를 경험하기도 한다. 자신의 긍지나 존재 이유, 성취감을 경쟁을 통해 이뤄간다. 그렇지만 문제는 경쟁 유혹을 제대로 이해하지 못하고 실패할 땐 허다한 심리적 문제가 야기된다는 것이다.

넘치는 경쟁심을 제대로 제어하지 못하면 이기기 위해 더욱 집착하게 되고 이에 따른 불안과 위기감, 초조, 열등감, 패배 의식에 의해 지배당하는 것이다. 그러므로 경쟁 유혹을 적절히 조절해 자기 삶의 방향과 보조를 맞춰가는 사람만이 제대로 된 성장을 할 수 있을 것이다.

만약 경쟁이 그토록 피할 수 없는 현실이라면, 경쟁하려는 마음을 이해하고 자신에게 유리한 쪽으로 이용할 줄 알아야 한다. 다시 말해 경쟁하되 전쟁하듯이 필사로 하지 말고, 어떤 면에서는 즐길 수도 있는 게임의 한 면으로 살려가는 것이다.

일단 경쟁의 모습이 아닌, 뭔가 재미를 느낄 수 있는 게임의 형태가 되면 그토록 부담되던 일과 피하고 싶던 상대의 모습이 다르게 볼 수도 있게 될 것이다. 여기서 진정한 성장의 국면의 단계로 접어들게 된다.

라이벌

경쟁에서는 반드시 라이벌이 있을 것이다. 그래서 경쟁 상대인 라이벌을 생각할 때마다 심리적 부담으로 인해 힘들어하는 사람들이 많다. 그것은 바로 지게 될까 하는 패배감에 대한 부담이 작동하기 때문일 것이다. 이런 경쟁자들은 서로에게 많은 경각심을 불러일으킨다.

필자가 지금 몸담은 보험업계에는 앞선 선배 매니저들이 권하는 말이 있다. 에이전트들은 어느 정도 성공을 하게 되면 대부분 자신의 사무실을 차려 따로 독립된 공간으로 나가려 하는데 가능하면 이를 허락하지 말라고 강력히 추천한다.

그 이유는 이해할 만하다. 이들은 사무실에 출근할 때마다 마주치는 경쟁 환경을 피하고 싶은 것이다.

바로 경쟁적인 업무환경을 피해 자신만의 세계에서 마음 편히 일하고 싶은 것이다. 그런데 업계의 통계에 의하면, 이렇게 독립해 나가면 대부분 에이전트의 실적이 현저히 떨어지거나 심하면 실패할 수도 있다고 한다.

결국 이들이 계속 성공자로 살아남는 방법은 그들을 경쟁 환경에 남게 하는 것이다.

이처럼 강력한 라이벌의 존재는 성공에 필요한 약이 된다. 기업들도 경쟁사의 공격으로 치명타를 입을 수도 있지만, 그들이 시장과 브랜드의 힘을 키우고, 새로운 기회를 얻기 위해 꼭 필요한 존재이기도 하다. 좋은 라이벌로 인해 성공한 경우는 너무도 많고 또 그 반면에 좋은 상대가 없어 쇠락한 예도 얼마든지 있다.

정말 중요한 출발점은 좋은 라이벌을 고르는 것이다. 자기의 능력과 수준이 엇비슷한 정도면 좋은 상대가 될 수 있을 것이다. 너무 나보다 엄청난 상대를 고르면 지치고 쉽게 실패감을 맛보게 될 수 있어 자칫 흥미를 잃으면 차라리 시작 안 한 것보다도 못하게 된다.

그러자면 자신의 능력과 성취를 객관적으로 조명해볼 수 있는 능력이 필요하다. 자신의 강점과 채워야 할 점, 자신의 가용자원과 같은 자세한 자료가 있으면 정말 유용하다. 이렇게 준비하면서 상대를 관찰하다 보면 의외로 손쉽게 전략이 나올 수가 있다.

진짜 챔피언들은 경쟁을 외부에서 찾는 게 아니라 자신 스스로와의 도전에서 찾기도 한다. 그들이 계속 최고의 자리를 지킬 수 있는 것은 다름 아닌 자신과의 싸움을 계속하고 있기 때문이다.

진짜 경쟁은 다른 사람과의 경쟁이 아니라 자기 자신과의 경쟁이기 때문이다.

늘 스스로에 대해 냉정한 평가를 해서 더 긍정적인 방안을 찾아내고, 또 자신의 최고 기록에 도전해나간다면 정말 즐기면서도 보다 높은 자신의 목표를 향해 매진하게 될 수 있을 것이다.

이를 위해서는 분명한 자신만의 목표가 설정해야 한다. 원하는 목표가 분명하면 자신만의 속도로 달릴 수 있는 여유가 생기게 된다. 막연하게 나보다 나은 사람들과 자신을 비교하다 보면 부러움이나 질투, 아니면 패배 의식에 빠져 의욕을 잃게 될 뿐이다.

남보다 뒤처진다고 조급해할 필요는 없다. 우리 자신과 경쟁할 시간은 충분하다. 그리고 마지막까지 살아남는 자야말로 진정한 승리자이다.

Winner's
Secret
Strategy

인생을
변화시킬 수 있는
유일한 사람은
당신이다

01

실수를 통해서
배워라

연습의 중요성

학창 시절의 수많았던 시험을 통해 배운 사실 하나는 '성적'은 연습량에 비례한다는 사실이다. 수많은 문제를 풀어보는 과정에서 틀렸던 문제들을 정리해 이해될 때까지 반복해 풀어봄으로써 성적을 올리는 것이다.

미국으로 이주한 이후, 업무에 필요한 자격증을 몇 가지 따야 했다. 이때 시험공부를 준비하면서 사용하던 영어로 된 두꺼운 교재는 사실 내게 별로 도움이 많이 되지 않았던 것 같다. 개념을 이해하는 게 많이 필요했는데 책만 읽어서는 개념을 정확히 이해하는 게 어려웠기 때문이다.

그럴 때 가장 좋았던 방법은 문제를 많이 풀어보는 일이었다. 교재의 설명이 어떤 사실에 대한 평면적 기술이라고 한다면 개념의 전후 좌우상하의 뜻을 더욱 정확히 이해하는 방법은 문제를 풀어보는 방법이 가장 좋았다. 문제들은 그 개념들이 적용되었을 다양한 경우에 대한 이해를 묻는 게 많았다. 그래서 문제를 많이 풀어보면서 공부를 한 게 시간도 많이 절약되었고 또 역시 가장 주효했다는 생각이 된다.

이렇게 지식을 늘리는 데도 많은 연습이 필요한데 정작 가장 중요한 인생은 어떻게 실력을 늘릴 수 있을까? 말할 것도 없이 실전 연습을 해보는 일이다. 아무도 처음부터 인생을 통달한 사람은 없다. 어린아이가 발을 떼어 걷는 것부터, 말문을 열어 자기의 의사를 표현하는 능력을 늘려가는 것처럼 하나하나 모두 연습이 필요하다.

그러나 학과 공부에서처럼 사람에게 주어진 인생의 어떤 상황에 대한 행위가 꼭 정답이라고 말할 수 없는 경우가 대부분이다. 그 이유는 해결을 위한 선택 여부에 따라서 너무나 다양한 결과들이 나올 수 있기 때문이다. 그리고 어떤 선택에 대해 우선 좋은 결과가 나왔어도 아직 그게 정답이라고 말할 수는 없다. 마지막에는 어떤 모습으로 다시 바뀔는지 모르기 때문이다.

결국 몸으로 하나하나 겪으면서 시간을 갖고 배울 수밖에 없다. 물론 어떤 상황이 닥치면 이에 대해 가장 최선이라고 판단되는 행위를 하겠지만 그렇다고 항상 원하는 결과가 나올 수는 없을 것이다. 이런 때 기대하던 결과가 나오지 않으면 우리는 보통 실패했다고 말하게 된다.

사람들은 실패를 당하면 대부분 정서적으로도 영향을 받는다. 누구에게나 일어날 수 있는 상황임에도 자기 자신에게 발생했을 때는 크나큰 충격으로 받아들이는 것이다. 그래서 많은 경우 사람들은 자포자기와 같은 심정이 되어 때로는 절대로 하지 말아야 할 행동을 하는 수도 많다.

그러나 이런 때, 당장은 맘에 안 드는 결과일지라도 더 좋은 삶을 살기 위한 인생의 연습 과정이었다고 생각을 조금만 바꿀 수 있다면 그때는 상당히 달라진 세상을 맛볼 수가 있다. 인생의 진정한 행로를 발견할 수도 있는 것이다. 사실, 인생 연습은 자신의 진정한 행복을 위해서도 굉장히 중요한 과정이다.

관점을 바꾸는 일은 생각외로 간단하다. 생각만큼 큰 노력이 필요하지도 않다. 내 생각으로는 자신이 마음만 먹으면 얼마든지 바꿀 수가 있기 때문이다. 물론 깨어남의 연습이 약간 필요하겠지만 그런 연습 역시 삶의 질을 바꿔 진정 행복해지기 위한 중요한 부분이다.

실패는 나만의 성공의 콘텐츠이다

'해리 포터' 시리즈의 작가, J.K. 롤링은 하버드대학 졸업식 축사를 하면서 자신의 이야기를 소개했다. 대학을 졸업한 후의 자신의 삶은 모든 면에서 크 나큰 실패였다고 회상했다. 결혼 생활도 얼마 안 가 파탄 났고 직장도 없이 자식을 키워야 하는 노숙자를 제외하고는 현대 영국 사회에서 더할 수 없이 가난한 사람이 됐다고 회상했다. 하지만 롤링은 실패란 것은 인생의 불필요 한 모든 것을 제거해버리는 것이라는 표현을 했다.

"나는 실패한 나 자신을 그대로 받아들이고 내가 가진 모든 열정을 소중한 한 가지에 쏟기 시작했다."

만약 다른 일에서 이미 성공했더라면 그녀가 진정으로 원했던 일에 대한 의지를 결코 다지지 못했을 것이다. 아마도 마음 깊은 곳으로부터 두려워했 던 실패를 먼저 경험함으로써, 실패의 두려움으로부터 비로소 자유로워질 수 있었다는 뜻이 아니었을까? 그녀는 다음과 같이 자신의 실패를 설명하고 있다.

"추락할 때 부딪혔던 딱딱한 바닥을 주춧돌 삼아 그 위에 삶을 다시 튼튼히 지을 수 있었다."

그리고 또 한 사람의 이야기. 앞에서 잠깐 이야기한 스티브 잡스가 자신이 세운 애플에서 오만과 독선으로 인해 쫓겨난 일화는 반드시 새겨봐야 할 내용이다. 그가 애플로 다시 복귀하고 난 후에 일을 진행하는 태도는 크게 달라져 있었다.

과거에는 프로젝트를 진행할 때 온 세상에 대해 큰소리를 치던 그였지만, 이제는 프로젝트도 비밀로 하고 조용하게 진행할 줄도 알게 되었다. 또 과장된 업무 성과에 대한 예측을 삼갔고 굉장한 제품이라고 큰 소리도 치지 않았다. 보안도 철저하게 유지하였다.

그 과정에서 잡스는 그간 자신이 잘못 생각해 왔던 것들을 고치기 위해 많은 노력을 했다. 그리고 그러한 실수를 통해 많이 배우게 되었다. 그는 자신이 애플에서 해고된 사실을 인생 최고의 일이라고 생각을 바꿨다. 그리고 그 실패와 역경을 오히려 하늘이 내린 선물로 생각했다.

필자도 과거 몇 년간 동안 구축했던 조직을 잃는 경험을 했다. 그런 과정을 거치면서 비로소 자신을 돌아보는 기회를 얻게 되었다. 그러는 동안 스티브 잡스에 관한 책을 읽으며 그의 기분을 다소나마 이해할 수 있을 것도 같았다. 분한 마음을 다스리려 마음 챙김도 공부했다.

결국 모든 것은 점점 회복되었고 그러면서 추가로 얻은 소득은 마음을 깨우고 다스리는 방법을 배운 것이다. 그뿐만 아니라 나아가 나만의 이런 경험을 책으로 펴내게 되었다. 당시에는 마음 아팠던 실패였지만 그로부터 회복하는 경험은 바로 나만의 콘텐츠가 된 것이다. 그리고 책을 저술하는 동력이 되었다.

요즘은 콘텐츠의 시대다. 책이나 블로그, 유튜브 등 모든 온라인 세계는 사람이 가진 콘텐츠에 따라 움직인다. 플라톤은 이야기를 만드는 자가 세상을 지배한다고 말했다.

우리가 겪는 실수를 나만의 뛰어난 콘텐츠로 만드는 일은 바로 나의 관점을 바꾸는 일에서 시작된다.

　　　　　　나는 지는 법을 배우지 않았다

02

내가 되고 싶은 모습에 집중하라

내가 원하는 나의 모습

지난 20년 가까이 영업사원들을 채용하기 위한 면접을 해왔다. 정말 좋은 인재들을 만나는 경우가 종종 있었지만 많은 경우 그들은 바른 결정을 내리지 못했다. 그로 인해 오랫동안 그들은 성공을 유보해야 하는 걸 봐왔다.

대부분 사람은 자신의 진로나 어떤 중요한 결정을 택해야 할 경우, 자신에게 진정으로 중요한 것을 자신이 먼저 생각하지 않는다. 그 대신 부모님이나 친구 또는 주위 지인들의 조언에 따라 결정하는 경우가 많은데 사실 이건 정말 악수가 되는 경우가 많다.

또는 기껏 현재의 경제적인 조건만을 보고 결정하기도 한다. 즉, 자신이 가진 여건이나 재능보다도 임시방편적인 조건들이 늘 우선순위에 가 있는 것이다, 결국은 그렇게 함으로써 많은 시간을 오랫동안 허비하다가 돌아오는 경우를 많이 보아왔다.

세상의 경험이 부족할 경우라면 그런 식으로 결정해도 어느 정도의 도움이 될 것이다. 하지만 그런 결정이 자신이 마음으로부터 좋아하지 않는 일이라면 진정한 집중이나 몰입은 어려울 것이다. 따라서 당연히 최고의 경지에 오르는 것은 기대하기 어렵다. 그런 상태에서 기울이는 노력이 번번이 원하는 결과로 이어지지 못할 때는, 그 상실감으로 인해 사람을 계속 무기력하고 불행하게 만들 것이다.

그러므로 가장 중요한 것은 자신의 강점과 재능을 찾아내는 것이다. 이렇게 결정한 일은 성과와 더불어 진정한 삶의 행복과도 연결될 수 있다.

파블로 피카소는 말하고 있다.

178

"삶의 의미는 자신의 재능을 찾는 것이다. 삶의 목적은 그것을 다른 사람에게 주는 것이다."

가끔은 자신을 믿는 것이 어렵다. 특히 자신에 대해 스스로 부정적으로 이야기하고 있을 때는 더욱 그렇다. 자신의 부정적인 생각을 바꾸고 싶을 때는 목표를 이룬 자신을 떠올려보자. 시각화를 통해 의욕이 더욱 생기고 자신의 능력을 더욱 신뢰할 수 있게 될 것이다.

따라서 긍정적이고 건강한 사람들과 함께하는 것은 매우 중요하다. 한스 한젠은 "사람들은 영감을 주거나 자신의 장점을 빼앗는다. 사람을 신중하게 선택하라."라고 조언한다. 가장 많은 시간을 나와 함께 보내는 사람들의 모습이 곧 자신의 모습이기 때문이다.

필자도 어려움에 빠졌을 때 가장 먼저 한 일이 교제권을 바꾼 일이었다. 일상적으로 아무 도전도 없고 무기력한 사람들로부터 건강하고 이타적인 지역의 기독 실업인 모임에 참석하기 시작했다. 그들의 나눔은 분명히 그때까지 가지고 있던 나의 생각을 바꾸는 데 많은 도움이 되어주었다.

나아진 모습 찾아가기

필자는 브랜던 버처드가 디자인한 하이퍼포먼스 플래너를 업무에 사용하고 있다. 버처드는 『백만장자 메신저』를 저술한 하이퍼포먼스 아카데미의 창립자로 전 세계의 수많은 사람에게 비즈니스와 자기 계발 분야에서 뛰어난 동기부여와 코칭을 하고 있다. 이미 많은 사람이 그의 도움으로 인해 큰 성과들을 경험하고 있다.

버처드는 사람들이 자신의 모습을 있는 그대로 드러내어 자신에게 진정한 의미가 있는 일을 하도록 하는 것이야말로 가장 큰 동기부여의 원인이 된다고 생각한다. 그는 이것을 개개인이 추구하는 '개인적 자유'라고 표현한다. 따라서 사람들이 이런 자유를 누리게 하는 것이 성공으로 가는 가장 좋은 방법이라고 말한다.

그런데 그에 의하면 이런 자유를 누리는 데 장애물들이 있는데 그중 하나는 자신을 깎아내리는 자기 억압이고 또 다른 하나는 사회적 억압이라고 한다. 바로 사람들이 서로를 판단하기만 하고 각 개인의 진정한 모습을 서로 지지해주지 못한다는 것이다.

그가 지적하듯이 우리는 먼저 자신에게 무엇이 가장 중요한지를 생각해보

나는 지는 법을 배우지 않았다

아야 할 것 같다. 굳이 나 자신이 어떤 사람인지 깨달으려 할 필요는 없을 것이다. 중요한 건 과연 어떤 사람이 되고 싶은지이다. 그 모습을 먼저 확인하고 한 걸음씩 긍정을 담아 나아가면 될 일이다. 여기에 다른 사람들의 평가는 하나도 중요하지 않다.

그저 자신의 열정을 찾아 나아가되 내게 이상적인 모습을 향해 열정을 다하면 된다. 그저 그렇게 삶에 대한 부담으로 인해 눌리고 평범하게 흘러가는 인생을 살 것인지, 아니면 열정과 자유로움이 넘치는 삶을 살 것인지는 그저 우리 자신의 선택에 달려 있을 뿐이다.

버처드는 이를 위해 좋은 방법 한 가지를 소개하고 있다. 자신의 뛰어남을 나타내는 단어 세 가지를 핸드폰에 담아 다니는 것이다. 세상에 자신을 소개할 때 하는 표현이다. 열정, 에너지, 긍정, 헌신, 영향력 등등 자신이 가장 가깝게 느끼는 단어들을 사용하면 된다. 그리고 알람으로 설정해 정해진 시간에 자신의 모습을 기억하는 것이다.

이런 시도는 자신의 진정한 모습 만드는 일을 도와줄 것이다. 바로 잠재의식의 도움으로 그런 사람에 어울리도록 자신을 변화시켜가는 것이다. 그러는 중에 자신감도 생기고 그에 맞춰 필요한 능력도 갖추게 될 것이다.

그래도 자신에 대한 의심이 생기거나 실패에 대한 두려움 또는 불안감이 든다면 당연히 그것들과 싸워야만 한다. 재미있는 사실 하나는 그런 생각들이 들 때마다 우리는 얼마든지 그들을 쫓아낼 수 있다는 점이다. 그들은 저항을 받는다고 생각하면 바로 꼬리를 내려버리기 때문이다. 계속 의심이나 두려움을 느끼는 것은 내가 그들에게 마음을 주기 때문이다.

또 하나의 의심을 떨쳐버리는 가장 좋은 방법은 자신이 이미 성공했던 기억을 떠올리는 것이다. 종이를 펴고 지금까지 이루어왔던 자기만의 성취를 적어보라. 아마 놀랍게도 너무나 많은 것이 떠오르게 될 것이다. 사실 우리 자신은 바로 그렇게나 많은, 크고 작은 성취를 이룬 사람들이다. 얼마든지 앞으로도 그렇게 될 수 있음은 너무도 당연하다.

부정적인 생각은 떨쳐버리면 간단히 해결된다. 자신에 대한 부정적이거나 비판적인 생각 또는 두려움, 해로운 생각을 하는 것은 그들에게 힘을 실어줄 뿐이다. 뭔가를 할 수 없고, 뭔가를 가질 수 없다고 자신에게 말한다면, 결국 그것은 그 말대로 될 것이다. 그러나 그 반대로 생각하고 말한다면 그 역시 그대로 될 것이다. 우리는 되고 싶은 사람이 될 수 있는 능력을 갖추고 있기 때문이다.

하루 동안, 일의 우선순위를 나의 에너지를 빼앗아가는 일에 두지 말고 에

나는 지는 법을 배우지 않았다

너지와 기쁨을 주는 일에 집중해야 한다. 그러다 보면 분명 나 자신이 많은 긍정적 변화의 한가운데 있음을 발견할 것이다.

03

모두에게
사랑받지 않아도 괜찮다

모두에게 사랑받는다는 의미

논어에 나오는 이야기다. 어느 날 제자 자공이 스승인 공자에게 물었다.

"마을 사람 모두가 좋아하는 사람은 어떻습니까?"

공자는 대답하였다.

"좋은 사람이라고 할 수 없다."

그러자 다시 자공이 물었다.

"마을 사람 모두가 미워하는 사람은 어떻습니까?"

공자는 대답했다.

"역시 좋은 사람이라고 할 수 없다. 마을의 좋은 사람이 좋아하고, 마을의 좋지 않은 사람들이 미워하는 사람만 같지 못하다."

남에게 싫은 소리를 잘 못 하는 사람은 마음속으로 모든 사람과 좋은 관계를 유지하고 싶다는 기대를 하고 있다. 사람들에게서 늘 좋은 평판을 받고 싶어 하는 마음으로 가득한 것이다. 이는 좋은 기대이기는 하지만 결코 이룰 수 없는 기대이고 목표다. 다른 누구보다도 자식을 더 사랑하는 부모도 자기 자녀가 막상 부모를 나 몰라라 하면 섭섭하기 마련이다.

전에 다니던 직장에서 동료 간의 관계를 개선하기 위한 워크숍을 하는 중에 동료들 서로의 선호도를 무기명으로 조사해본 적이 있었다. 그 결과는 상당히 놀라웠다. 필자는 직장 내 모든 사람과 원만한 인간관계를 유지하고 있었다고 자부했는데 데이터에는 아주 좋아하는 층과 싫어하는 층이 극명하게 구분되어 있었다. 정말 충격이었다.

이 예에서 보듯이 스타일이 각기 다른, 그런 사람들 모두와 잘 지내겠다는 건 전혀 가능하지 않다. 이런 불가능한 기대가 종종 표출되는 예로는 아무래도 자신에 대한 불편한 뒷담화를 들을 때가 아닐까 한다. 필자의 경험으로도 누가 하는 뒷담화가 제일 불편했다. 누구든 그런 소리를 들으면 밤잠을 설치는 사람도 많을 것이다. 좋은 평판을 듣고 싶어 남들에게 잘해주려 하는데 결과는 호의가 아닌 뒷소리리라면 정말 불편하다.

남들이 해주는 칭찬을 기대하는 것은 우리 자신의 목표가 바로 외부의 기준을 따르는 대표적인 예일 것이다. 칭찬은 남이 내리는 평가인데 내가 아무리 모든 사람에게 열심히 노력해도 항상 좋은 평가를 받을 수는 없다. 나에게 아무리 잘해줘도 호감이 안 가는 사람이 있는 것처럼 나를 그냥 싫어하는 사람이 있을 수밖에 없다.

자신에 대한 평가를 자신이 아닌 외부에 두면 자기에 대한 확신을 떨어뜨리게 된다. 아무리 열심히 해도 모든 사람을 만족시키는 데는 한계가 있어 좋은 결과를 얻을 수가 없기 때문이다. 모두에게서 사랑을 받고 또 항상 좋은 평판을 얻고 싶은 마음이 있어도 이는 결코 이루어질 수 없는 관계로 자존감은 떨어질 수밖에 없다.

자신의 목표를 이루지 못함으로 인해 결국 자괴감에 빠지고 자기 확신도 잃게 되는 것이다. 결국 자신에 대한 낮은 평가 때문에 자존감에까지 영향을 미치게 된다. 자존감이 떨어지는 것이다. 따라서 건강한 자존감을 위해서는 자신의 마음에 대한 좋은 이해가 있어야만 한다.

모두에게 사랑받을 필요는 없다

앞서 말했듯이 필자도 전 같으면 남들이 내 뒤에서 하는 뒷담화를 아주 힘들어했다. 그러나 마음 챙김을 공부하면서 이런 것들은 정말로 나와는 아무 상관이 없음을 깨닫게 되었다.

남의 선의를 악용하는 사람들은 끊임없이 남을 이용하려 들고 계속 긴장을 만들어 상대가 자기에게 집중하게 만들게 하는 사람들이다. 만약 그렇게 되지 않으면 뒤에서 끊임없이 말을 만들어내어 괴롭히는 것도 불사한다. 이런 사람들에게 질질 끌려다니는 것은 너무나 어이없는 일이고 나의 행복마저 스스로 포기하는 행위이다.

남의 험담이나 하는 행위는 결국 그 영향이 본인들에게 미칠 것이다. 그렇게 남을 비방하거나 험담하는 행위로는 누구에게도 영향을 끼치지 못한다. 오히려 그로 인해 발생하게 될 게 좋지 않은 결과는 결국 고스란히 그들의 몫이 될 뿐이다.

강북삼성병원 정신건강연구소 전문의 이승민 작가도 자신의 저서 『상처받을 용기』에서 마찬가지로 모두에게 사랑받을 필요가 없음을 말하고 있다. 차라리 나를 아껴주는 사람에게 더 집중하라고 조언을 하고 있다. 그리고 상처를 주는 관계로부터 나를 지켜내는 법을 가르쳐주고 있다.

그에 의하면 우리가 남들에게서 좋은 평가를 못 받는다고 우리가 특별히 못난 게 아니라 그저 사람이 모두 다르기 때문이라고 한다. 따라서 상처를 주는 사람이나 상황에 대해 단호하게 맞설 수 있다면 오히려 간단하게 문제는 해결될 수 있음을 알려준다. 그리고 모두에게 사랑받을 필요가 없음을 자각하는 게 중요하다.

한 가지 기억할 점은 혹시 어떤 경우에 나에 대한 부정적 평가를 하는 사람이라고 해서 꼭 나를 싫어하거나 사랑하지 않는 사람이 아닐 수도 있다는 사실이다. 그건 어떤 상황으로 인해 발생하는 일이기 때문에, 굳이 사람까지 묶어서 자신을 비하하거나 괴로워할 필요가 없는 것이다. 모든 사람이 나와 항상 같은 의견을 가질 필요는 없다. 그것만 이해할 수 있어도 많은 괴로움을 덜 수가 있을 것이다.

어떤 경우에서도 나 자신이 참 괜찮은 사람이라는 사실을 깨닫는 것이 무엇보다 중요하다. 정말로 이 말은 사실이다. 내가 인정하든 하지 않든 나 자신은 내가 알고 있는 것보다 훨씬 많은 걸 해낼 수 있는 능력도 갖추고 있다. 그리고 세상에 대해서도 너무나 잘난 존재임을 보여줄 수가 있다. 굳이 누구에게 좋다는 평가를 받지 않아도 우리는 이미 충분히 빛이 나는 존재이다.

자기를 사랑하는 사람은 누구도 함부로 하지 못한다. 따라서 상대방의 감정에 끌려 다니지 않도록 하는 것이 가장 효과적이다. 사람들이 날 비난한다고 생각해버리는 순간, 내가 있는 모든 곳은 지옥으로 변하고 말 것이다. 근거 없이 나를 비판하고 험담하는 사람들이 있다면 그들은 '원래 그런 사람'으로 여겨버리면 간단히 해결된다.

상대가 우리를 비난한다고 해서 그들의 의도대로 분노와 짜증에 내 감정이 휘말릴 필요까지는 없는 것이다. 이것만 명심하면 간단히 해결될 문제이다.

그리고 혹시 외롭거나 열등감 때문에 여타의 사람들에게 사랑을 구할 필요도 없다. 세상으로부터 떨어져 나와, 자신의 힘으로 온전히 세상과 마주할 때 사랑은 스스로 모습을 우리에게 보여줄 것이다.

낮은 자존감을 높여주는 것은 다른 사람이 아니라 바로 나 자신이다. 내가 나 자신을 사랑하고 인정하면 된다. 배르벨 바르데츠키는 『너는 나에게 상처를 줄 수 없다』에서 이렇게 말하고 있다.

"부족하고 보잘것없어서 상처받는 것이 아니다. 스스로를 믿지 못하기 때문에 상처받는 것이다."

04

인생을
변화시킬 수 있는
유일한 사람은 당신이다

내 인생은 괜찮은 것일까?

나는 지금 제대로 사는 것일까? 이렇게 계속 살아도 되는 것일까? 왜 나는 모든 일이 늘 꼬이기만 할까? 왜 나는 매일 억울한 마음이 드는 것일까? 왜 나의 미래가 하나도 보이지 않을까? 과연 나도 남들처럼 성공이라는 걸 해볼 수는 있을까?

아마도 현재 잘나가고 있는 사람이라면 이 책을 잡지 않았을 것이다. 가끔 멈춰 돌아보면 우리는 마음 한가운데에 어떤 돌덩어리를 하나씩 지고 사는 사람들 같다. 어느 일 하나가 끝이 나도 또 다른 일이 마음을 죄어온다. 아침에 눈을 뜨면 오늘은 또 어떤 일이 일어날지 마치 새로 놀랄 일을 기다리며 사는 삶 같다.

그렇지만 사는 동안, 어느 땐가 이런 생각이 든다면 그것은 바로 내가 변화할 수 있는 때임을 알려주는 신호라고 생각하면 된다. 그냥 흘려버리지 말고 조심스레 살펴본다면 귀한 변화의 기회를 맞게 될 수도 있을 것이다.

이런 경우에 나 자신을 제삼자처럼 들여다보는 방법은 정말 탁월한 시도이다. 이런 과정을 통해 비로소 나를 진심으로 사랑할 수 있고 또 세상을 대할 수 있게 된다. 자신을 아는 것이야말로 세상의 어떤 것보다 중요하다.

이럴 때는 혼자 조용히 집중할 수 있는 시간을 가져본다. 세상의 모든 소음 속에서 잠깐 멈추고, 나 혼자만의 시간을 가져보는 것이다. 그저 숨을 들이쉬고 내쉬며 어떤 노력이나 애쓰는 일 없이 자기 자신에게 집중해보는 건 정말 귀한 일이다.

그러다 보면 무의미하게 보이던 삶에 무언가 나만을 위한 것이 나타나게 될 것이다. 그저 내가 어느 때든, 앞으로는 잘살아보겠다고 마음먹고 결정만

한다면 그게 좋은 시작이 되어줄 것이다. 다시 잠시 하던 일과 생각을 내려놓고 호흡을 몇 번 가다듬어보라. 그리고 이렇게 스스로 말해보라.

'모든 게 잘되고 있어. 나는 충분히 잘하고 있어.'

기분이 조금은 나아진 게 느껴질 것이다. 아마도 호흡이 좋아지고 마음이 놓이는 기분도 들 것이다. 이렇게 작게라도 마음을 다독거려주면 우리는 금방 편안해질 수가 있다. 그런데 지금 이런 시도는 그저 단순히 당신의 기분만을 바꾸라고 한 것은 아니다.

사실 당신의 삶은 진짜 잘되어가는 중이고, 이미 매우 훌륭하게 나아가고 있음을 알아야 한다. 당신은 아마 그럴 리 없다고 반문하겠지만 세상 사람 모두는 당신이 이미 그렇게 잘살고 있다는 사실을 알고 있다. 다만 당신만 깨닫지 못하고 있었을 뿐이다. 우리에게는 그걸 알아가는 연습만이 필요할 뿐이다.

매일 조금씩 이런 연습을 통해 자신을 발견하는 과정은 당신을 보다 긍정적 환경으로 이끌게 될 것이다. 때때로 어려움을 만나 정말 두렵게 느껴지다가도 이렇게 마음을 열고 깨어있는 자신을 관찰하다 보면 그러한 두려움들은 스스로 가라앉게 되는 것을 느낄 수가 있다.

자신에게 정직해지는 것이 매우 중요하다. 문제를 만나면 당황해서 먼저 다른 사람들에게 달려가 의견을 구하는 수가 많지만, 이것은 별로 좋은 방법이 아니다. 무엇보다도 중요한 사실은 바로 당신 스스로와 솔직한 대화를 나눠야 한다는 사실이다.

아무도 자신을 속일 수는 없다. 당신 자신이 느끼는 감정을 통해 당신의 잠재의식은 자신이 해야 할 일을 이미 결정한 상태다. 두렵거나 부정적으로 되어 있다면 그런 일로 연결될 뿐이다. 그러나 솔직하게 모든 감정을 인정하고 자신에게 묻는다면 해결책으로 가는 효과적인 방법이 나도 모르는 사이에 나타날 것이다. 그게 바로 진정한 나다움의 길로 가는 것이다.

자신을 강하게 하는 것들

우리는 화가 나거나 부정적 감정이 올라오면 어떤 식으로든 반응을 하게 된다. 대부분 격한 상태에서의 반응은 별로 바람직하지 못하다. 그리고 자칫 후회로 이어지기 마련이다. 화를 내거나 후회하는 게 문제가 되지는 않는다. 중요한 건 나 스스로 이런 일로 자신은 늘 그런 사람이라고 자괴감에 빠지는 점이다. 자신을 스스로 그런 사람이라고 인정해버리는 데 심각함이 있는 것이다.

나는 지는 법을 배우지 않았다

그래서 일상생활 중에 힘들 땐 그냥 힘들다고 하는 게 좋다. 이게 바로 새로운 시작의 기본이다. 무엇이든 자신이 느끼는 감정은 당연한 것들이다. 그냥 참고만 있는 것은 바람직하지 못하다. 이제부터라도 이런 감정들을 받아들여라. 그것은 바로 새로운 에너지가 될 것이다.

그리고 내가 힘든 것은 그냥 이야기하라. 누군가에게 나의 힘듦을 이야기할 수 있는 사람이 있다면 좋겠지만 없다면 자신에게 힘들다고 이야기해도 된다. 필자도 나 자신에게 이야기할 수 있음을 배우고 나서 받았던 위로가 꽤 효과적이었다. 참고로 필자가 자신에게 이야기할 때는 자신을 '댄'이라고 부른다. 필자의 이름이 '대니'라는 데서 나온 아이디어다. 그러니까 대니가 댄한테 힘들다고 징징거리는 것이다. 그러면 댄은 내게 어떻게든 평안으로 응답해준다.

가능하면 적극적으로 생각하는 습관을 들이는 게 좋다. 현재 처한 상황이나 삶을 바꾸고 싶다면 마음가짐에서 변화를 주는 게 좋다. 무언가 부정적으로 생각하고 있는 나를 발견한다면, 즉시 멈추도록 노력하거나 긍정적으로 생각할 수 있도록 다른 것들을 시도해야 한다.

새로운 사람이 된 것처럼 생각하고, 행동하고, 입어야 하며 새로운 사람들로 함께하는 환경을 만든다. 필자의 경우 가장 먼저 시도한 것은 말버릇의 변화였다. 모든 부정적인 언어를 멈추기로 했다. 이 일은 생각보다 쉬웠다. 마음을 먹고 조금만 신경을 쓰니까 곧 바뀌었다. 그러다 보니 부정적으로 생각을 끌고 가던 습관이 점차 안정되는 걸 발견할 수 있었다.

그리고 긍정적인 모임 하나를 정해 꾸준히 참여하는 시도를 했다. 또 주변에서 나의 자존감을 떨어뜨리는 사람들을 멀리하고 내게 새로운 에너지가 될 수 있는 교제권을 만들기 시작했다. 페이스북에서의 사귐도 그런 시도의 좋은 예 중 하나였다.

크리스토퍼 몰리는 "큰 성공은 작은 성공을 거듭한 결과다."라고 말했다. 나를 강하게 변화시키겠다는 목표는 하나의 여정과 같다. 이 여정을 어디서부터 어떻게 시작해야 하는지를 알려면 끝도 정해주어야 한다. 사람은 누구도 완벽하지 않기에 끊임없는 노력이 필요할 것이다.

당신이 바라거나 믿는 바를 말할 때마다, 그것을 가장 먼저 듣는 사람은 당신 자신이다. 그리고 그것은 당신이 가능하다고 믿는 것에 대해 당신과 다른 사람 모두를 향해 메시지를 전하는 것이다. 자신이 한다고 생각만 하면 못 할 것은 없을 것이다.

05

생각의 힘을
키워라

미국 자동차 여행의 기억

미국에서 20년 가까이 살면서 장거리 자동차 여행을 다닐 기회가 많았다. 미국이라는 나라는 광대하게 커서 정말 다양한 볼거리를 제공한다. 시카고에서 미국의 첫 번째 하이웨이인 66번 도로를 타고 캘리포니아까지 달리다 보면 다양한 시간 여행을 할 수 있고 서부 해안도로를 타면 북쪽 시애틀에서 남쪽 멕시코 국경의 샌디에이고에 이르는 장대한 태평양을 대할 수가 있다. 그런가 하면 동부의 95번을 타면 플로리다에서 캐나다 접경의 메인까지 초대 미국의 모습들을 훑어볼 수가 있다.

처음에 미국에 이민을 와서는 이런 여행은 꿈도 꾸지 못했다. 그 이유는 경제적으로 생존하는 일에 온 정신이 팔려 이런 여가생활을 할 짬이 없었기 때문이다. 그런 생각 자체가 나에게는 격에 안 맞는 것처럼 느껴졌다. 그런 화려한(?) 여행은 그야말로 돈을 넉넉히 번 사람들이 즐기는 여유라는 생각이 들었다. 나하고는 전혀 상관이 없어 보였다.

우리처럼 한 주간을 위한 렌트비와 식비를 벌어 살아야 하는 사람에게는 사치라고만 생각했다. 그래서인지 워싱턴 D.C. 부근의 많은 교민은 여기서 그토록 오래 살면서도 아직 주변조차 보지 못한 사람이 부지기수다. 미국에 온 지 몇 십 년이 되었지만 매일 일에 매여 바쁘게 살고 있다. 그러니 나와 같은 이민 초짜에게 미국 횡단 여행 같은 건 생각조차 할 수 없는 일이었다.

또 하나 내가 이런 장거리 여행을 못 한 이유로는 무의식적으로 가진 어떤 두려움이었다. 집을 떠나 몇천 마일을 달리다 만날 지도 모를 상황들에 미리 겁을 먹었을지도 모른다. 예전에 다니던 직장의 미국인 동료 하나가 권하기는 집을 떠나 타주를 다닐 때는 반드시 총기류 하나쯤은 차에 싣고 다니라고 권했다. 집 밖이 흉흉하다는 이유에서다.

나는 지는 법을 배우지 않았다

그뿐만 아니라 사람 하나 없는 도로를 몇 시간씩이나 달리다가 혹시 연료라도 떨어지거나 차에 이상이 생겨 아무도 없는 곳에 갇힐 상황도 있을 것만 같았다. 사실 미국에서 그런 사고는 종종 뉴스를 타기도 한다. 그런 소식들을 들을 때마다 모두 나에게도 벌어진 것만 같아 그냥 차라리 어떤 여행도 포기하는 게 낫겠다고 생각하고 있었는지도 모른다.

나중에 언젠가 결혼 기념을 핑계로 서부 버스 여행을 한 번 다녀온 일이 그때까지 내가 미국의 도로를 만난 것이 전부였다.

언젠가 인터넷을 보다가 화면에 펼쳐진 서부 사막의 사진 하나가 눈에 들어왔다. 그리고 인디언들의 모습들과 로키의 울창한 숲들. 어느 사진작가가 올린 사진들이었다. 그가 미국 최초의 고속도로인 66번 하이웨이를 여행하며 찍은 사진들이었다. 순간 마음속에는 그 넓디넓은 세계에 대한 갈망이 훅하고 밀려들어왔다. 꼭 한번 봐야 할 것만 같았다.

아내에게 말했다.

"여보, 내년 휴가에는 정말 66번 한번 달려볼까?"

아내가 대답했다.

"그래요."

이때까지만 해도 늘 나누던 대화처럼 깊은 뜻을 가진 내용이 아니었다. 아내는 그냥 지나가는 말로 생각했을 것이다. 아내는 내가 무슨 말을 해도 반대를 하지 않는 편이기 때문이다.

며칠 후, 한국의 고종사촌 내외와 안부 전화를 하다가 나도 모르게 불쑥 한마디를 했다.

"내년에 우리랑 미국 횡단 여행 가지 않을래?"

다음 해 우리 두 집은 버지니아 집에서 출발해 시카고 부근까지 올라가 거기서부터 수많은 주와 작은 도시들, 숲과 사막을 거치며 캘리포니아의 산타모니카 비치까지 66번 하이웨이를 달렸다. 그리고 다시 북쪽으로 올라가 라스베이거스와 그랜드캐니언, 그리고 그 광활한 평야를 달렸다. 총 8,000마일, 13,000㎞에 달하는 거리였다. 여행하면서 생각했다.

'생각이 참으로 무섭다. 생각하니까 이런 엄청난 일이 벌어지는구나.'

나는 지는 법을 배우지 않았다

생각의 힘

어떻게 보면 사람의 일은 정말 단순하다. 모든 일은 그냥 우리의 생각대로 흘러간다. 사람들이 인지하는지 모르겠지만 우리 눈앞에 지금 보이는 것 모두는 다름 아닌 내 생각 때문에 있게 된 것이다. 어느 것 하나 내 생각과 관계 없이 존재하는 것은 없다.

사람들은 그 모든 것이 우연히 발생한 것으로 생각할지 모르지만, 가만히 따져보면 모두 자기 생각과 관계되어 있다. 단지 내용의 차이만 있을 뿐 결과는 모두 어떤 생각이라는 씨앗에서 비롯된 것이다.

이전에 한국에서 살 때는 이런 현상을 잘 깨닫지 못했는데, 고국을 떠나 타국에서 나만의 세상을 개척해가야 하는 상황이 되니까 그야말로 많은 생각을 해야만 했다.

내 생각이 '오케이' 하면 그렇게 되었고, 또 '아마, 이건 어려울 거야. 안 되겠어.' 하면 그 일은 진행되지 않았다. 만나는 사람도 그렇게 결정되었고 일의 내용도 그렇게 결정되었고 따라서 일의 성과도 결국은 내 생각대로 된 것이었다.

역시 나의 일이 잘 풀렸을 때는 내 생각이 건강했고 실패를 맛봐야 했을 때는 확실히 생각의 흐름에 이상기류가 있었다. 그걸 깨닫지 못했을 때는 당한 실패 때문에 다른 사람을 원망했다.

몇 년 전, 앞에 근무하던 매스뮤추얼 보험사의 밴쿠버 컨벤션에 참가한 적이 있었다. 그날 시상식에는 그해의 톱 프로듀서인 한 젊은 에이전트가 자기의 경험을 발표했다. 그는 10여 년 전 자신이 참가했던 바로 그 회사의 컨벤션 시상식 때, 자기는 관중석에서 시상식을 바라보면서 읊조린 말이 하나 있다고 했다.

'Why not me?'

(나라고 저 단상에 서지 못하겠어?)

그는 지금껏 그 말을 생각하면서 살아왔다고 했다. 그리고 그 말대로 모든 것이 성취되었다고 담담히 이야기했다. 어떤 일을 열심히 하는 것보다 훨씬 쉬운 일은 바로 생각에 조금 변화를 주면 되는 일이었다고 했다. 그러면 그 생각에 따라 세상도 따라서 바뀐다는 이야기를 나눠주었다.

이런 생각은 좋은 씨앗을 뿌리는 일이다. 좋은 생각이 그런 열매를 맺어주기 때문이다. 내가 뿌리는 생각의 씨앗은 내가 결정할 수 있다. 오늘 하루도

나는 지는 법을 배우지 않았다

아침을 맞는 내 생각에 따라 이미 그 결과는 결정되어 있다.

"마음속에 싹튼 생각의 씨앗은 자기 자신과 똑같은 열매를 만들어낸다. 그
것은 빠르든 늦든 행위로써 개화하고 환경으로서 열매 맺는다. 좋은 생각은
좋은 열매를 맺고 나쁜 생각은 나쁜 열매를 맺는다."

― 『인생을 바라보는 안목』 (이나모리 가즈오, 기업인)

06

내가 원하는 모습에
집중하라

지난 시간들

필자는 60대 중반에 책을 쓰기 시작했다. 아마도 이 정도의 나이라면 어느 정도의 삶을 살았으니 조금쯤 뒤돌아봐도 좋겠다는 생각이 들어서였는지도 모르겠다. 다행하게도 책을 쓸 수 있는 여건과 기회가 잘 맞았다. 책을 쓰면서 가장 먼저 생각한 것은 살아온 지난날이 과연 어떠했는지 돌아보는 일이었다.

책을 쓰게 되면서 삶을 나로부터 조금 떼어놓고 보니 그간 보지 못했던 것들이 하나씩 보이는 것도 같았다. 전체적으로 볼 때, 그래도 건실하게 살았다는 생각이 들었다. 가장으로서 책임을 다하기 위해 매사 열심히 한 것이 인정되었다. 남들보다 돈을 특별히 많이 번 것은 아니지만 이민자로서 가정을 지켜낸 사실은 나쁘지 않았다.

내게 주어진 인생에서 가능하면 선한 결정을 하면서 살아온 점도 스스로 점수를 줄 수 있을 것 같다. 이제 아이들 둘 다 장성시켜 좋은 가정을 꾸려 내보냈으니 일단 부모로서의 책무는 다한 듯싶다. 따라서 이 일로 밤잠을 설치지는 않아도 되는 점이 큰 복이라고 생각한다.

학창 시절에는 그저 성적과 입시, 학교에 매달려 마치 그것이 인생의 최후 종착지처럼 달렸다가 사회에 진출하면서부터 혼돈의 시간에 빠졌음을 부인할 수는 없다. 원래 두 가지를 섞어서 잘하는 타입이 못되어 환경이 바뀔 때마다 적응하는 시간이 항상 많이 필요했다. 그나마 꾀를 피우는 성격이 아니어서 남들한테 업무적으로 크게 폐 끼친 일이 많이 없었음이 다행이다.

그렇긴 해도 최근 몇 년간 업무적으로 모든 걸 다시 시작해야 하는 번거로운 일이 있었다. 그 일은 내 인생에 큰 전환기가 되었다. 원래 사람을 잘 믿는 타입인데 그 일로 인해 사람에 관해 다시 배워야 했다. 그리고 60이라는 나이에 들어서야 마지못해 내 속사람을 돌아보는 시간을 갖게 되었다.

열심히 쫓아가던 세상으로부터 시선을 거두고 나 자신을 바라보니 그간 입 밖으로 내놓고 말하지 못했던 열등감이 많이 쌓여 있음을 보았다. 남들이 하는 평가에 많은 신경을 쓰면서 살았음을 알 수 있었다. 남들에게 나쁜 소리를 듣지 않으려고 정말 노력을 하면서 살아왔다. 하지만 결국 그런 노력은 하나도 중요한 게 아님을 깨달았다.

이런저런 실패들은 상처로 남아 오랫동안 내 안에 깊이 박혀 있었다. 자존심 상할까 봐 내 입으로 이야기한 적은 없었다. 서운함이나 불만으로 오랫동안 불면으로 고생했으면서도 그 이유를 알지 못했던 무지한 자신을 발견했다. 이제야 겨우 나 자신에 관하여 진정한 생각을 하는 기회를 얻게 된 것이다.

처음에는 많은 방황을 할 수밖에 없었지만, 다행히 좋은 책들을 접하게 되었다. 책을 읽는 동안 내 속사람을 바라보는 법을 깨닫게 되었고 조금씩 마음이 열리게 되었다. 수많은 내적 대화를 통해 오랫동안 안으로 엉켰던 감정의 실타래를 풀어낸 것 같다.

나는 지는 법을 배우지 않았다

책을 출간하다

이런 나만의 내적 여행을 하는 동안 상당히 많은 메모를 적고 있었다. 그 양도 계속 쌓여갔다. 그러는 동안 점점 정서적 안정도 찾아가고 있었다. 자신이 가진 감정의 실타래를 풀어내는 연습을 하면서 스스로와 화해도 하게 되었다. 그러자 하던 업무도 조금씩 진전이 있어, 다시 시작해도 좋을 만큼 든든한 교두보들이 자리를 잡았다.

이런 와중에 정말 귀한 일이 생기게 되었다. 독서와 메모를 하면서 책을 쓰고 싶다는 희망이 생겼고 그해 꼭 책을 한 권 정도 내고 싶다는 생각이 강하게 들었다. 그런 열망으로 드디어 〈한책협〉의 김태광 대표코치를 운명적으로 만나게 되었고 그의 도움으로 나의 버킷리스트의 맨 위에 있던 책 쓰기에 도전하게 되었다.

책 쓰기는 먼저 팀 활동으로 다른 작가들과 함께 『버킷리스트 24』를 공저로 출간했다. 여기에는 남은 삶 동안 하고 싶은 다섯 가지 희망 사항을 소개했다. 이 리스트는 지금까지 내가 살아온 방식과 달리, 온전히 나 자신에게만 집중하여 삶에 후회를 남기지 않을 수 있을지를 살펴보는 기회로 생각해 기술했다.

첫 공저를 마치고는 곧바로 2권의 책을 쓰게 되었는데 각각 『어떤 조직에서도 결과를 만드는 영업비밀 노트』와 『나를 가장 빛나게 만드는 사람은 나 자신뿐이다』였다. 첫 번째 책은 우리 가족이 미국에 이민을 오고 나서 지난 18년간 영업이라는 새로운 경력에 몸담으면서 살아남은 비법(?)을 정리했다. 나처럼 뒤에 오는 사람들에게 지침이 될 수 있다면 하는 희망을 담았다.

그리고 두 번째 책은 지금부터라도 세상을 위해서 살지 말고 보다 스스로에게 집중하여 사는 방법을 생각해봤다. 그동안 지나치게 남들에게 신경을 쓰면서 살아온 나 자신을 향한 진술이다. 또 비슷한 처지에 있는 독자들에 대한 도전이기도 하다.

책을 쓰면서 과연 이 책들이 독자들에게 어떻게 의미가 전달될까 하는 의구심이 많이 들었다. 출간 후, 페이스북이나 인스타그램 등으로 독자들에게 독자평을 자주 받는 편인데 정말 좋은 긍정적인 글들을 받는다. 늦은 나이지만 내 책을 읽고 자격증 시험에 합격해 사업을 준비한다는 분도 있고 힘든 중에 내 책들로 인해 소망을 얻고 다시 시작한다는 분도 있다.

그러나 이 책들은 사실 나에게 쓴 글들이다. 지난 세월 방향 없이 함부로(?) 살아온 나 자신과 열린 화해를 위한 것들이었다. 책 쓰기를 도와준 멘토는 내 안에 담긴 내용이 너무 많아 책 한 권으로는 부족하고 2~3권 정도는 써야 할 거라고 했는데 그 말이 맞는 듯싶다.

이제는 누가 나에게 험담을 하여도 아주 당당해졌다. 누가 뭐라 해도 나는 떳떳하므로 그런 이야기들을 더는 나의 문제로 여겨지지 않기 때문이다. 그리고 그런 말을 하는 사람들에게 측은한 마음이 들기도 한다.

이렇게 불필요한 일들에 일절 반응하지 않고 진정한 내적 평안에 집중하는 일은 정말 득이 크다. 필자가 어려운 가운데서도 비교적 신속하게 회복할 수 있던 것은 바깥이 아닌, 내 속사람의 변화였다. 내가 갖는 평안의 크기만큼 회복되는 걸 알 수 있었다.

나에게는 잠자리에 들고 일어나는 시간이 매우 중요하다. 이때는 오로지 내가 원하는 모습에만 집중한다. 많은 사람이 자신들이 소망하는 게 있음에도 그 모습을 미처 보지 못하는 이유는 소망이 구체적이지 않아서이다. 그만큼 열망이 강하지 않다는 뜻이기도 하다.

이제부터라도 속사람과 많은 대화를 나누길 권한다. 그리고 소망하는 게 있으면 마음의 눈으로 가시화하기를 권한다. 결국 보는 만큼 얻게 될 것이다.

07

감사하는 마음은
신념을 변화시킨다

감사하는 마음이 얻는 것

필자가 한국의 직장에서 다니던 회사가 미국의 프록터 앤드 갬블사와 합작회사를 설립하려 한 적이 있었다. 몇 년간 준비 중에 그 시도는 유감스럽게도 불발로 끝났지만, 그 회사에 대해 조금 알게 되는 기회가 되었다.

프록터 앤드 갬블사를 설립한 할레이 프록터 사장은 늘 감사하는 마음으로 살았던 인물이라고 알려져 있다. 신실한 신앙인으로 회사가 어려울 때도

나는 지는 법을 배우지 않았다

두려워하거나 불평하지 않고 감사하며 철저한 신앙생활을 하였다고 한다.

어느 날 한 현장 직원의 기계 작동 실수로 인해서 불량제품을 만들고 말았다. 이로 인해 회사는 막대한 손실을 보게 되었다. 부서 책임자는 해당 직원을 문책했고 그 직원은 회사를 곤경으로 몰아간 책임을 지고 사표를 제출해야 했다.

그러나 프록터 사장은 그런 큰 손실을 본 상황에도 전혀 흥분하거나 분노하지를 않았다. 오히려 침착하게 문제를 수습하면서 상황을 점검했다. 그 와중에 그 불량품인 비누가 물에 뜬다는 사실을 발견하게 되었다.

'혹시 비누가 물에 뜨면 목욕 시에 더 편리하지 않을까?' 하는 생각에 이른 그는 이를 좀 더 연구하여 신상품으로 만들어 출시하게 되었다. 이 제품이 바로 회사에 역사적인 큰 성공을 거두게 한 아이보리 비누다. 이 일로 회사는 세계적인 비누회사로 발전했으며 당연히 프록터 사장은 거부가 되었다.

만약 프록터 사장이 곤경에서 실수한 직원에게 화를 내고 원망했더라면 아이보리 비누는 세상에 나오지 못했을 것이다. 감사하는 신앙으로 감정을 다스리고 문제를 바라보았기 때문에 그에게 준비된 축복을 발견한 것이다.

이처럼 감사하는 마음은 어떤 사실을 인식하고 해석하는 태도를 변화시킨다. 그리고 사건이나 상황에 대응하는 자세가 달라지면 세상이나 사람들에 대한 반응도 자연히 달라진다.

감사하는 마음의 바탕에는 자연히 긍정이 깔려 있다. 어떤 일이 잘될 확률은 항상 50% 정도의 기회가 있다. 그 말은 실패의 기회도 그만큼 있다는 뜻이다. 우리가 어떤 상황에서도 긍정을 선택한다면 비록 시간이 걸리더라도 반드시 좋은 결실을 가져다줄 것이다.

감사와 함께 소망에 대한 행복한 기대감을 잃지 않는 것도 중요하다. 욕심에 빠지는 것을 막아 주기 때문이다. 욕심이 들어가면, 원하는 것을 못 가지게 될 때 으레 불만으로 나타나기 마련이다. 따라서 욕심과 감사가 함께 있을 수 없다. 원하는 것을 욕심내기보다는 감사하는 쪽을 택하는 것이 훨씬 바람직하다.

감사는 자기 삶의 본질을 꿰뚫어 볼 수 있게 해 준다. 겉으로 드러나 있는 모든 것의 뒤에 감춰져 있는 참된 가치를 봄으로써 정말 중요한 것이 무엇인지 알아보는 것이다. 그동안 자신의 눈을 가리고 있던 부정적인 의식들을 발견하는 마음의 눈을 뜨게 해준다. 그로 인해 그토록 익숙해져 있던 부정적인 말과 행동 습관을 변화시켜 새로운 자신의 모습이 나타날 수 있도록 도와주는 것이다.

미국의 자기계발 전문가이자 베스트셀러 작가인 지그 지글러는 "당신이 취할 수 있는 온갖 태도 중 감사가 삶을 가장 크게 변화시킨다."라고 이야기했다.

감사 – 기적을 이루기 위한 열쇠

감사는 사람의 심장이나 몸 그리고 정서에도 좋은 영향을 미친다. 감정적 균형을 유지하는 능력은 신경전달물질인 세로토닌과 관련이 있다. 우울증에 빠지지 않기 위해서 세로토닌 레벨이 적절해야 하는데, 감사를 표현하는 것이 큰 도움이 된다.

감사를 하면 심장 박동이 느려지고, 혈압이 떨어지며, 소화 작용이 촉진된다. 또한 마음이 평온해지고, 스트레스가 감소하며, 면역계의 활동도 증가하는 것으로 보고되어 있다. 바로 감사는 우리가 짐작하는 것 이상으로 정신체계를 바꾸고 신체기능을 향상시켜주는 것이다.

그뿐만 아니라 감사는 무생물의 결정체마저도 아름다운 모양새로 바꾸는 힘이 있다. 필자도 인상 깊게 읽었던 에모토 마사루의 베스트셀러인 『물은 답을 알고 있다』에는 이러한 내용이 소개된다.

A컵의 물에 감사나 사랑과 같은 긍정적 단어를 보여주고, B컵의 물엔 욕설 등의 부정적 단어를 보여주었을 때, 아주 놀랄 만한 결과가 관찰되었다. 긍정적 단어를 보여준 A컵의 물의 결정체는 멋진 육각형을 띄었으며 실제 사람에게도 이로운 성분이 되어 있었다. 한편, 부정적 단어를 보여준 B컵의 물은 육각형 결정체가 부서지고 아주 불규칙한 모양을 보여주었고 인체에도 해로운 성분으로 변해 있었다.

여기서 감사가 우리의 삶에 기적과 같은 실질적인 변화를 가져오는 근거는 다음과 같은 이유 때문이다.

1. 자존감을 높여준다.

2. 과거를 받아들이고 인정한다.

3. 현재를 수긍하며 그로 인해 평안함을 갖게 한다.

4. 미래에 대한 목적의식을 갖게 하고 긍정적인 계획을 세울 수 있게 한다.

5. 자신의 신념에 대해 확신하도록 돕는다.

6. 목표를 성취하도록 동기부여를 한다.

7. 자신이 가진 잠재력을 일깨워준다.

8. 인간관계를 향상시켜준다.

오늘은 무엇에 감사할 수 있을까? 어떤 사람에게 감사를 표해야 할까? 가장 중요한 일은 감사를 방해하는 요소들을 제거하는 것이다. 감사하지 않는 사람들에게 감사하기는 정말 힘든 일이다. 과거에 당신에게 문제와 고통을 불러일으켰던 사람에게도 감사할 수 있을까?

그렇지만 모든 인생사에 다 이유와 목적이 있다는 새로운 신념을 받아들이고 그것이 괜히 벌어진 것이 아니라 나에게 주어지는 새로운 복의 기회라는 사실을 받아들인다면, 우리의 앞에 주어진 날들은 더 행복에 가까워질 수 있을 것이다.

감사하면 감사할 일만 생긴다. 내게 매일 호흡 있음에 감사하고, 이미 가진 물질의 풍요로움에 감사하고, 늘 내 곁에 있어주는 사랑하는 사람들에게 감사를 할 수 있다면 내 안에는 마르지 않는 행복의 물줄기가 올라올 것이다. 만약 이런 내용을 감사일기로 써간다면 귀한 삶의 기록으로도 남게 될 것이다.

사실 감사에는 조건이 없다. 어떠한 상황에서도 감사할 줄 아는 무조건 감사가 진정한 감사의 본질이다. 없는 것에서도, 실패 속에서도, 낙담 속에서도 감사할 수 있다면 어떤 어려움에서도 극복할 실마리가 나타나게 되고, 문제를 해결할 돌파구 역시 스스로 모습을 보일 것이다. 삶에서 감사를 가로막는 것은 밖의 조건이 아니라 자신 안의 관점의 차이일 뿐이다.

"범사에 감사하라. 이는 그리스도 예수 안에서 너희를 향하신 하나님의 뜻이니라."

– 살전 5:18

08

긍정적 사고가
기적을 일으킨다

긍정의 기적

세계적인 미국의 스포츠 채널에서 프로그램 리더로 활동 중인 빅토리아 알렌의 이야기가 있다. 그녀가 열한 살이던 2005년 밝고 건강했던 어느 날, 원인을 알 수 없는 병 때문에 식물인간이 되어버리고 말았다. 그녀의 의료진들은 그녀에게 회복의 가능성이 없다고 판단해 뇌사 판정을 내렸다. 그렇지만 그녀의 부모들은 자신들의 딸이 꼭 깨어나리라는 믿음으로 그녀의 회복을 옆에서 기다렸다.

뇌사 상태로 2년 정도 지났을 즈음, 기적같이 그녀의 정신이 돌아왔다. 하지만 가족들은 그녀가 깨어난 사실을 전혀 알지 못했다. 다만 그녀가 가족들의 이야기를 들을 수 있었을 뿐이다.

그녀가 자신의 몸을 움직여 할 수 있는 건 아무것도 없었지만, 부모님과 형제, 그리고 가족들이 나누는 이야기들을 들으며 기운을 얻기 시작했다. 그녀의 가족은 어려운 중에도 끊임없이 긍정으로 서로를 위로하고 있었다.

이러한 지속적인 노력으로 그녀의 몸이 조금씩 차도를 보이기 시작했다. 드디어 아주 조금씩이라도 움직이게 된 그녀는 사랑하는 가족들과 마침내 의사소통을 할 수 있게 되었다.

그녀는 거기서 멈추지 않았다. 하반신이 마비된 그녀였지만 긍정적인 사고와 노력을 멈추지 않았다. 그리고 그녀는 형제들의 도움을 받아 수영을 시작해 2012년에는 미국의 국가대표로 장애인 올림픽 대표로 나가 금메달을 목에 거는 이변을 낳고야 말았다.

그리고 그 후 몇 년 동안, 각고의 노력 끝에 마침내 자리에서 일어나 걸음을 옮길 수 있게 되었다. 이렇게 어려움을 극복한 그녀는 긍정적인 희망과 그것을 믿는 자신감만 있다면 못 할 것이 없다고 소감을 피력한다. 세상에 대해 냉소적이거나 자기 자신에 대해서 비관적인 사람은 결코 희망을 이야기할 수 없다.

최근까지 다양한 연구에 의하면 긍정이야말로 우리의 뇌와 몸이 지탱할 수 있는 '진정한 에너지'이다. 긍정적인 생각은, 먼저 어떤 부정적인 정보가 우리에게 전달되었을 때 야기될 수 있는 신체에 대한 나쁜 영향을 무력화시킨다.

우리는 일단 어떤 스트레스를 받으면 맥박이 빨라지고 혈압이 상승하게 된다. 이로 인해 면역반응도 억제된다. 그리고 신체는 이에 대한 즉각적인 대응을 위해 준비를 하는데 이러한 반응은 생존을 위한 것으로 제대로 조절되지 않으면 많은 위험이 따르게 된다고 한다.

긍정적인 생각은 이렇게 저조해진 신체를 원상태로 복귀하게 하는 힘이 있다. 바로 긍정적 감정과 생각은 심각한 부작용의 원인이 되는 두뇌의 현상들을 사라지게 한다. 그뿐만 아니라 긍정은 두뇌의 상태를 평소보다 업그레이드하는 역할도 한다.

예로 든 빅토리아 알렌의 경우도, 그녀가 비록 몸을 움직일 수 없는 하반신 마비 상태에 있으면서도 가족에게 흐르는 강한 긍정의 에너지로 인해 정서적으로 변화되었고 또 마침내 신체적으로도 재기할 수 있는 근원이 되어준 것이 틀림없다.

긍정을 유지하는 힘

부정적인 사람은 어떤 어려움을 만나면 그 문제의 원인을 절대 해결되지 못할 것처럼 생각하는 경향이 있다. 그래서 사건을 필요 이상으로 크게 확대 해석해버린다. 그에 반해 어떤 좋은 일이 생기면 그냥 일시적인 것으로 의미 를 축소해버린다.

그렇지만 긍정적인 사람들은 이와 정반대의 모습을 보인다. 어려운 경우를 일시적으로 그냥 지나가는 것처럼 단순하게 생각한다. 또 좋은 일에 대해서 는 지속해 이루어지고 있는 것으로 보는 태도를 보인다. 그래서 긍정적인 생 각에 익숙한 사람들은 실패 앞에서도 쉽게 좌절하지 않는다. 세상에 대해 냉 소적이거나 자기 자신에 대해서도 비관적이지 않다.

매사를 긍정적으로 생각하는 사람에게는 위기 앞에서도 당황하지 않고 비난 앞에서도 분노하지 않는 남다른 침착함이 있다. 윈스턴 처칠은 그야말 로 긍정적인 사고로 똘똘 무장된 낙관주의자였다. 그의 정치 인생에는 수많 은 위기가 있었지만 어떤 어려움도 그의 긍정을 꺾지는 못했다.

나는 지는 법을 배우지 않았다

그가 위대한 리더의 지위에 동시에 오를 수 있었던 근본적인 힘은 다름 아닌 '긍정적 사고'에 있었다. 이런 그의 정신은 다음과 같은 유머에서도 읽을 수 있다.

미국을 방문한 처칠에게 한 여인이 질문했다.

"연설할 때마다 사람들이 자리가 미어터지게 모여드니 기분이 정말 짜릿하시겠어요?"

처칠은 웃으며 대답했다.

"물론 기분이 좋습니다. 하지만 내가 이런 정치연설을 하는 것이 아니라 교수형을 당하는 것이라면 지금보다 최소한 2배 이상의 사람들이 몰려들 것이란 사실을 늘 기억하고 있습니다."

처칠은 자신이 완벽하지 않다는 것을 알고 있지만, 또 자기의 한계도 무난히 극복할 수 있으리라고 믿었다. 낙관적인 사고방식은 세상에 대해서뿐만 아니라 자기 자신에게 똑같이 적용되기 때문이다. 그래서 그는 솔직하면서도 비굴하지 않고 당당할 수 있었을 것이다.

그래서 긍정적인 사고방식은 종종 유머로 표현되기도 한다. 긍정은 실패의 고통을 웃음으로 승화시키는 능력이 있기 때문이다.

그것은 냉소적이거나 자조적인 것과는 차원이 전혀 다르다. 아마도 거기에는 실패를 딛고 새롭게 출발하려는 남다른 의지가 담겨 있어서가 아닐까?

이런 긍정의 마음가짐은 수많은 시행착오와 실패를 거듭하던 에디슨에게도 볼 수 있다. 도대체 몇 번이나 실패했느냐는 질문에 그는 다음과 같이 대답했다.

"나는 실패한 것이 아닙니다. 단지 성공할 수 없는 몇십 가지의 방법을 발견했을 뿐입니다."

그에게는 이처럼 실패를 두려워하지 않는 용기와 낙천적인 사고방식이 있었기에 훗날 위대한 발명왕이 될 수 있었을 것이다.

요즘 우리 사회에는 팬데믹으로 인한 공포와 불안, 불신이 만연되고 있다. 그러나 이런 외부의 환경이 우리의 정신을 부정적으로 만들 수는 없다. 긍정의식은 이런 때 오히려 기회를 만들어 새로운 세상을 만드는 자세이다.

나는 지는 법을 배우지 않았다

이미 세상은 얼마든지 그런 훌륭한 예를 보여주고 있다. 물론 우리도 그런 기회를 누릴 수 있다. 단지 우리의 선택에 달려 있을 뿐이다.

Winner's
Secret
Strategy

5장

성공은
'배우는' 것이 아니라
'하는' 것이다

성공보다
오래 살아남는 일이
더 중요하다

므두셀라 나무

'따뜻한 하루(https://onday.or.kr)'의 한 글에서는 나무 하나를 소개하고 있다. 이는 지구상에 아주 오래 생존하고 있는 나무로 미국 캘리포니아 인요(Inyo) 국립공원의 해발 3,000m 이상 고지대에서만 자생하고 있다. 브리슬콘 소나무의 일종으로 측정에 의하면 무려 4,900년이나 되었다고 한다. 그래서 성경에 나와 있는 가장 오래 산 인물의 이름을 붙여 '므두셀라 나무'라고 부른다. 사람으로 치면 969년을 살았다는 므두셀라가 과연 그 이름에 적합할까 싶기도 하다.

이 나무는 그렇게 오랫동안 살아있으면서도 신비로울 만큼 아주 조금씩만 자라기 때문에 100년 동안 고작 3cm 정도밖에 굵어지지 않는다고 한다. 그런 강인한 생명력으로 혹한의 날씨나 거친 바람 등의 나쁜 자연조건에서도 살아남을 수 있었다.

주로 오래 사는 나무들은 대개 자라는 환경이 몹시 척박하다고 한다. 무서운 생존본능으로 열악하기 짝이 없는 환경에 자신들을 맞춰가는 것이다. 더디더라도 무리하지 않고 조금씩이라도 꾸준히 성장하는 데 바로 장수의 비결이 있었을 것이다.

어떻게 생각하면 그런 나무들의 시계는 도대체 어떻게 돌아가는지 궁금하지 않을 수 없다. 그들의 시계에는 남들과 비교하는 장치는 없을 것 같다. 그렇게 빠르게 성장하지 않아도 그들은 주위의 나무에 절대 기죽지 않을 것 같다.

시간과 상관없는 그들만의 생존 투쟁으로 그토록 오래 살아남을 수 있었고, 결국 세상 돌아가는 모습까지 보는, 지구상의 증인으로 우뚝 서 있는지도 모를 일이다.

228

인생의 성공이란

필자의 40대 시절, 당시 잘나가던 D사의 부장급 인사 한 사람과 교류가 자주 있었다. 그는 탁월한 기획력 및 어학 실력을 갖추고 있었다. 또 수많은 프로젝트를 맡아 성공적으로 수행해낸 인물이었다. 무엇보다 그는 회사에 성실했다. 회사의 일이라면 항상 가정보다도 우선이었을 정도로 누가 봐도 정말 모범적인 직장인이었다.

그는 대학을 마치자마자 취직을 해서 남들보다도 뛰어난 충성심으로 회사 일에 임했고 그래서 늘 남들보다 한 걸음 빨리 나아갔다. 15년이 넘는 시간을 그렇게 일했다.

내가 만났던 당시 그에게 가장 절실한 과제는 임원 승진이었다. 그전까지는 승진이 아주 좋았다. 그런데 임원승진을 기다리던 그 당시, 그는 이미 한두 번 승진 기회를 놓친 상황이었다. 그렇게 밀리게 되자 그도 상당히 곤혹스러워하고 있었다.

어느 날 힘들어하는 그에게 단도직입적으로 물었다. 일찍 임원으로 승진하는 사람들은 철저한 인사 평가로 수명이 보통 그리 길지 않은 거 같은데 그게 그렇게 중요하냐고 물었던 거 같다.

그는 나이나 환경에 맞춰 때가 되면 조직에서도 같이 승진해야 하는 게 맞는다고 내게 대답했다. 그는 그때 처음으로 조직에서 뒤떨어지는 기분을 맛보면서 엄청난 심리적 부담 가운데 있었던 것이 분명했다.

그 일이 있고 나서 나는 한국을 떠나게 되었고 몇 년 후에 뒤늦게 그의 소식을 들었다. 그는 결국 임원으로 승진을 했지만 그렇게 명이 길지 못했다는 뒷얘기를 들었다. 평생 그는 직장의 꽃이라는 임원승진을 위해 일했지만, 그리고 화려한 공적으로 남들보다 앞서 달리는 짜릿한 성공을 누렸지만, 직장에서 그의 수명은 거기까지였다. 그게 바로 그의 50대 중반까지 삶이었다.

나는 그가 직장생활을 이렇게 마감한 것이 꼭 그의 실패라고 생각하지는 않는다. 하지만 그가 지금쯤 갖고 있을 생각이 정말로 궁금하다. 그리고 그가 어떤 모습으로 살고 있을지도 궁금하다. 바라기는 그가 보여주던 평소의 성실함으로 지금쯤 훨씬 더 멋진 삶을 살고 있었으면 좋겠다.

오래 살아남기

사람들은 세상에 나오면 그 순간부터 비교라는 환경에 노출된다. 적자생존이라는 세상 시스템은 누가 더 성공에 적합한지를 확인하는 역할을 끊임없이 하고 있다. 이런 시스템은 탁월한 누군가에게는 정말 환희로 가득한 짜

나는 지는 법을 배우지 않았다

릿함을 준다. 그리고 이들이 만들어낸 성공담은 계속 또 다른 누군가에게 전달된다. 또 다른 우월한 사람이 나타나도록 격려하고 도전하게 만든다.

한편, 이 시스템은 또 다른 누군가에게는 끝없는 절망처럼 작용한다. 우수한 자들만 대우하는 사회에 대해 낙심하고 좌절하거나 수치심을 이기지 못해 스스로 목숨을 포기하기도 한다. 이런 사람들을 찾아 위로하고 희망을 주는 사회적 시스템은 어디에도 없다. 그저 소규모로 자기들끼리 아픔을 나누는 이들만 있을 뿐이다.

그러나 사실 진짜 중요한 삶에 대한 평가는 이러한 개개인의 우월함에 있지 않을 것이다. 능력보다는 누가 더 오래 살아남느냐가 훨씬 더 중요하기 때문이다. 일찍 이뤄낸 성공을 끝까지 지켜내는 일도 쉽지 않다. 바로 마지막 타이밍에 있는 성공이야말로 비로소 진짜라고 평가할 수가 있을 것이다.

예를 들어 어떤 사람이 25세에 CEO가 되었다가 50세에 사망했다고 하자. 그런데 또 한 사람은 50세에 CEO가 되어 90세까지 장수하면서 살았다면 과연 누구의 삶이 더 나은 것일까?

주위를 살펴보면 어떤 사람은 나보다 빠르게 앞서가는 듯이 보이고 또 어떤 사람들은 나보다 뒤처진 것 같지만 사실상 알아야 할 점은 세상의 모든 사람은 각자 자기 자신의 시간대에서 살아가고 있다는 사실이다. 그들 모두 자기 자신의 경주를 자기 자신의 시간에 맞춰서 하고 있을 뿐이다.

세상의 게임에선 일찍 결승선에 들어가는 사람이 승리하겠지만, 인생의 경주에는 그런 법칙이 없다. 누구든지 아직 달리고 있다면 모두 계속 앞을 바라보고 있어야만 한다. 아직 게임이 끝난 게 아니기 때문이다.

누구도 우리 자신의 경주에 섣부른 평가를 할 수는 없다. 우리 자신이 스스로 인정할 때까지는 아무도 그렇게 말하게 해서는 안 되는 것이기 때문이다.

나는 지는 법을 배우지 않았다

02

지금, 오늘에
집중하라

정신과 의사 나카무라 쓰네코의 삶

『내일을 위해 사느라 오늘을 잊은 당신에게』는 89세의 나카무라 쓰네코가 70년간 정신과 의사로 겪어온 인생 이야기다. 그녀는 2차 세계대전 무렵, 어려운 집안 살림 중에 숙부의 도움으로 고향을 떠나 공부를 해 의사가 된다. 그녀의 결혼 생활은 당시의 시대적 배경으로 볼 때도 어려운 시기였다. 또 여자의 몸으로 의사의 일을 해야 하는, 쉽지 않은 삶을 견뎌내야만 했다.

한 가지 특이한 점은 그렇게 힘들게 살았을 그녀였지만 자신의 책 어디에도 그런 삶으로 인해 힘들었다는 아쉬움을 토로한 곳이 없다는 것이다. 그렇게 살아낼 수 있었던 방법에 대해 저자는 '오늘에 집중하라'는 말로 대신하고 있다.

그녀의 말에 의하면 이미 지나간 과거는 당연히 생각할 필요가 없다. 과거는 과거일 뿐이고 이미 지나가버려 존재하지 않는 시간이다. 과거의 사건으로 돌아갈 수가 없고 또 돌아가서 그 어떤 것도 바꿀 수가 없다. 성공이나 승리, 또 패배든 뭐든 지난 것은 이미 사라져버려 더는 존재하지 않기 때문이다. 오로지 할 수 있는 일이라고는 과거로부터 교훈을 배워서 오늘을 개선하는 일뿐이다.

그리고 아직 오지 않은 미래에 만약 어려움이 닥친다 해도 그때 생각해도 충분한 것이어서 벌써 두려워해야 할 아무런 이유가 없다. 오직 내가 살아가고 있는 지금이라는 시간과 이 공간에 집중하다 보면 모든 것이 다 잘될 것이라는 게 그녀의 지론이다.

비슷한 생각으로 퓰리처상을 수상한 미국의 언론인 윌리엄 앨런 화이트는 많은 사람이 현재 시각에 살지 못하고 있음을 지적했다. 그저 미래에만 관심이 있어서 현재 시점에 이미 가진 일들을 놓쳐 버리는 점을 관찰한 것이다. 그렇지만 사람들이 겨우 알게 되는 것은 미래 역시 또다시 과거로 변해버린다는 사실 뿐이다.

시인 에머슨은 "오늘을 붙들어라! 되도록 내일에 의지하지 말라! 그날그날이 1년 중에서 최선의 날이다."라고 격려를 하고 있다. 오늘, 바로 이 순간만이 하나님이 우리에게 주신 선물이자 내가 가진 모든 것임을 깨달아야 한다. 오지 않을 수도 있는 내일을 걱정하는 것은 쓸데없는 일이다.

현재에 살면서는 자신이 '어떻게' 살고 싶은지에 집중하는 것이 필요하다. 남이 나를 어떻게 생각하고 바라보는가가 아닌 내가 나를 어떻게 생각하는지를 생각해야 함이다. 의외로 많은 사람이 그렇게 살고 있지를 못한다. 지금의 바로 이 공간과 시간을 사는 것이야말로 바로 나만의 인생인데 말이다.

매사의 결정은 내 의지대로 하는 것이다. 당연히 그에 의한 결과는 나 자신이 받아들여야만 한다. 이제는 남의 탓을 하는 것은 아무 의미가 없다. 그래서 나카무라는 이렇게 이야기하고 있다.

"무릇 인간이 어떤 큰 결단을 할 때는 '더 분발하자'라는 긍정적인 마음뿐 아니라 '도망치고 싶다'라는 부정적인 마음도 공존하는 것이 보통입니다. 즉, 도망치고 싶다는 마음도 인생을 변화시키는 원동력 일부죠. 중요한 건 어느

쪽이든 자신의 의지로 결정하는 것입니다. 그리고 결정한 결과에 책임을 지는 것입니다."

– 『내일을 위해 사느라 오늘을 잊은 당신에게』 (나카무라 쓰네코)

지금, 이 순간을 사는 법

지금 이 순간을 열심히 산다고 생각하지만 사실 그들의 생각을 자세히 들여다보면 거기엔 과거와 미래에 대한 잡다한 감정으로 가득 차 있는 경우가 많다. 그래서 몸은 비록 현재에 살고 있어도 실제로 의식은 지금이라는 시간에 머물기가 지극히 어렵다.

아무리 사랑하는 사람과 함께 있거나 좋은 집에서 살아도, 맛있는 것을 먹거나 멋진 옷을 입어도, 마음에 과거나 미래의 근심에 빠지면 진솔하게 현재의 좋음을 누리지 못한다.

하버드대학의 심리학자 엘렌 랭이 〈사이콜로지 투데이〉에 기고한 글에서 사람들 대부분 순간을 사는 게 중요하다고 동의는 하면서도 사실상 방법에 대해 많이 헷갈린다고 지적한다. 사람들은 순간을 살고 있지 않으면서도 그 사실 자체도 알지 못한다고 꼬집고 있다.

나는 지는 법을 배우지 않았다

현재를 산다는 것은 익숙하지 않은 사람들에게는 몹시 힘든 일이다. 자신이 하는 일에 대해 심한 부담을 갖게 되면 현재라는 시간은 살기가 더 어렵다. 그렇지만 현실의 상태를 알 수만 있다면 당장 눈앞의 상황이나 지난날의 나쁜 기억 때문에 감정이 산만해지지는 않을 것이다.

우리가 지금 하는 부정적 행동에 아무런 주의를 기울이지 않을 수가 있다면 사람들은 훨씬 자유로울 수가 있다. 지금에 대해 염려하거나 집착하는 대신 주변에서 보이는 것과 들리는 것을 그대로 받아들이고 이들에 대한 감사를 떠올려보면 설사 부정적인 기분이 들 때라도 얼마 되지 않아 곧 정상적인 밝은 상태로 회복되어질 것이다.

잠시 머무는 순간에 관심의 대상을 바꿈으로써 기분도 바꿀 수 있다. 부정적인 기분이 들 때는 숨을 잠시 고르면서, 하고 있던 부정적 생각 대신에 다른 것으로 바꾸는 시도를 해보기를 권한다. 행복했던 기억을 떠올리거나 평소 좋아하는 음악을 듣거나, 걷거나 아니면 재미있는 영화에 집중해 보는 것도 좋은 방법이다. 특히 이 가운데 걷는 것은 가장 좋은 방법이다.

이런 시도들을 하면서 우리 자신의 마음 상태를 살펴서 깨어나는 게 중요하다. 자기 생각을 관찰하는 것은 마음이 어떤 상태인지 알아가는 첫 단계다. 자신의 마음을 알게 된다는 것은 자기의 생각하는 방식도 바꿀 수 있음을 의미한다. 기분과 감정에 변화를 줄 수 있게 되는 것이다.

그렇게 되면 과거의 부정적 기억에 집착하지 않고 벗어날 수가 있다. 나쁜 기억은 부정적인 감정만을 끌어들이거나 미래에 대하여도 부정적인 씨앗을 심어 더 나빠지게 하는 악순환을 반복하게 할 뿐이다.

차라리 긍정적인 변화를 시도하면 나쁜 부정적 감정을 정화할 수 있다. 긍정적 변화란 우리의 부정적인 생각과 기분에서 빠져나오는 것을 의미한다.

우리의 밝은 미래를 기대한다면 지금 이 순간에는 염려나 불안, 걱정, 미움, 원망이 아니라 밝고 즐겁고 행복한 느낌을 심어야 한다. 무의식적으로 떠오르는 부정적인 생각과 감정들을 끈질기게 거부하고 이 순간에는 오로지, 비록 작을지라도 행복하고 즐거운 느낌을 갖는 노력이 필요하다.

이것이야말로 다가올 미래를 풍요롭게 만드는 확실한 방법이다. 이른 아침, 직장의 사무실에 퍼지는 커피의 향기에 잠깐이라도 마음을 쏟는 것은 현재 순간을 훌륭하게 즐기는 방법이다.

나는 지는 법을 배우지 않았다

03

꿈이 있는 사람은
포기하지 않는다

포기하는 사람들

영국의 정신과 의사 스테판 스리어 박사는 15년간 유방암 환자를 대상으로 스트레스가 암에 미치는 영향을 연구했다. 그 결과 환자들의 네 가지 모습을 관찰했다.

1. 암과 대항
2. 병을 부인

3. 운명으로 인정

4. 포기하고 절망

이 네 가지 유형 중에서 병에 대항하는 첫 번째 그룹은 질병에 적극적으로 대처함으로써 생존율이 80% 이상이나 되었다. 이에 반해 그냥 포기하는 사람들은 생존율이 10%에 그쳤다. 같은 어려움 속에서도 살아가는 자세에 따라 상당히 판이한 결과가 나오는 모습을 관찰했다.

아이젠하워 대통령은 젊은 장교 시절에 진급하지도 못하고 무려 12년 동안 소령으로 머물렀다. 무능하다는 평가가 바로 그 이유였다. 이를 보다 못한 주위에선 그의 제대를 권했지만, 그는 포기하지 않고 버티어냈다. 그렇지만 그의 능력은 제1차 세계대전 중에서 빛을 보게 되었다. 그리고 탁월한 지도력을 인정받아 마침내는 미 육군의 최고 자리인 원수까지 오르게 되었다.

12년이라는 시간은 결코 짧은 시간이 아니다. 보통 사람이라면 진즉 포기했을 그런 시간에 그는 무너진 자존심에도 굴복하거나 포기하지 않았다. 만약 그때 중도에서 포기하였다면 아마도 오늘날 아이젠하워를 기억하는 사람은 없을 것이다.

필자는 지난 20년 동안 영업 관리를 하면서 미처 성공하기도 전에 떠나간

나는 지는 법을 배우지 않았다

수많은 영업사원을 보았다. 그들은 하나같이 떠나야 하는 나름의 이유를 진지하게 이야기했다. 그렇지만 그들과 가까이 지내면서 관찰한 바에 의하면 포기하는 사람 대부분은 삶에 대한 의지나 열정이 별로 없었다. 그리고 뚜렷한 목표 의식이 보이지 않았다. 성공해야 할 동기는 분명히 있었지만 그를 지탱할 의지가 없었다.

사실 성공의 반대말은 실패가 아니라 포기다. 만약 포기만 하지 않는다면 실패는 성공을 위한 확실한 발판일 뿐이다. 결국 성공은 인내하는 자의 것이다. 포기하는 사람은 절대로 어려움을 극복할 기회가 없다. 어쩌면 그럴 용기 자체가 없는지도 모른다.

그래서 포기하는 사람들이 항상 포기를 한다. 실패 가운데서 다시 일어나는 재기의 경험을 해본 적이 없으므로 그냥 쉽게 익숙한 방법을 선택한다. 늘 핑계를 찾고 또 달아날 구실을 만든다. 그런데 재미있게도 핑계의 이유는 늘 남들 때문이고 세상 때문이다. 그들은 자신이 피해자라고 믿고 있다.

이런 사람들에게 꿈이란 무엇일까? 그들이 바라보는 세상의 모습은 어떤 것일까? 코칭을 하면서 대화를 나누다 보면 그들은 이런 내용에 대한 구체적인 사항을 거의 언급하지 않는다. 그들은 이런 질문 자체를 의례히 하는 교과서적인 물음일 뿐 자신들과는 아무런 상관이 없다고 생각하는 것 같았다. 따라서 생각 자체가 없거나 있어도 아주 애매하다.

그들에게는 지금 당장 눈앞에 보이는 내용만이 유일한 가치를 지니고 있을 뿐이다. 그 너머의 내용에 대해서는 아무런 관심도 또 기울일 여력이 없다. 고개를 조금만 들어도 온통 푸른 하늘인데 고개를 들 생각 자체를 하지 못한다.

각 사람은 얼마든지 세상의 모든 꿈을 담을 수 있다. 충분히 성취할 수 있는 꿈들이고 무한한 가능성도 열려 있다. 자신의 마음을 조금만 열 수 있다면 충분히 볼 수 있는 세계이다. 이것 역시 자신의 관점에 달린 문제일 뿐이다.

살다 보면 인생이 너무 힘들어 그냥 포기하고 싶거나 포기하는 것이 유일한 방법처럼 보일 때도 있을 것이다. 또 아무리 노력해도 목표를 이루는 것이 어렵고 꿈에는 절대 가까워지지 않는다는 생각이 들 수 있다. 그렇지만 이렇게 낙담했을 때, 다시 한번 자신의 꿈과 이상을 돌아보는 힘을 가질 수 있다면 그런 복은 없을 것이다. 사실은 이런 때야말로 꿈의 성취가 바로 코앞까지 온 경우가 허다하다.

꿈이 있는 사람들

꿈이 있는 사람에게는 꿈꾸는 대로 이루어지는 놀라운 능력이 있다. 만약 자신에게 꿈꾸는 게 아무것도 없다면 그저 되는대로 살 수밖에 없다. 세상은 그들의 꿈에 반응할 것이다.

그러므로 힘을 내서 꿈을 꾸라고 권하고 싶다. 비록 조금 시간이 걸릴 수도 있어 당장 원하는 결과를 볼 수는 없을지 모르지만, 그게 무슨 상관이겠는가? 원래 여행이란 가려던 목적지에 도달하는 것만이 다가 아니다.

진짜 여행의 즐거움은 그 여정에 있다. 그러므로 꿈을 가진 자에게는 거기에 이르는 모든 과정에 의미가 있는 것이다. 그게 당장 앞에 닥친 실패라도 꿈꾸는 자에게는 결코 문제로만 보이지 않을 것이다. 그들은 이미 알고 있을 것이다. 그 실패가 바로 어떤 더 큰 기회의 문으로 연결되는 것임을….

지금 당장 볼 수 없다고 해서 꿈 자체를 부정하지 않는다. 또 그들은 현실은 바꿀 수 없다고 말하는 사람들의 말을 듣지 않는다. 그리고 눈과 마음을 열어 그들에게 다가오는 모든 기적의 징조를 읽어낸다. 그래서 그들에게 현실은 늘 판타지보다 더 재미있다. 그렇기에 꿈꾸는 것을 멈추지 않는 것이다.

꿈이 있는 사람에게 걱정이란 아무런 쓸모없는 허상임을 너무도 잘 알고 있다. 그래서 그들은 자신이 통제할 수 있는 것에만 집중한다. 만약 예기치 못한 상황이 닥쳐도 낙담하지 않고 인정할 것은 인정하고 받아들이는 데 주저함이 없다.

매사에 시야를 넓게 가져 걱정거리가 발생해도 부정적인 생각에 너무 깊이 빠지지 않는다. 꿈에 대한 열망과 정열이 혹시 잠시 식었더라도 곧바로 점검하여 다시 일으켜 세우는 능력이 있다. 그래서 자신이 바라는 곳을 향해 가는 사람은 별로 피곤해하지 않는다.

꿈은 사람들을 잡아끄는 힘이 있다. 꿈이 있는 사람은 매력이 있다. 그래서 꿈이 있는 사람은 누군가의 희망이고 자랑이고 꿈이 된다. 누구든 긍정의 습관을 유지하여, 혹 중간에 잠시 실패한다고 하더라도 자신의 꿈을 믿고 다시 시작하는 것은 정말 귀한 일이다.

세상이라는 알을 깨고 당신의 꿈을 향해 달려가라. 누군가가 당신이 걸었던 길을 따라 또 다른 꿈을 이룰 것이다. 여행작가 이도준의 책 제목이 의미 깊게 다가온다.

"내가 꿈을 이루면 나는 누군가의 꿈이 된다."

04

성공은
'배우는' 것이 아니라
'하는' 것이다

사람들이 말하는 성공이란…

보통의 사람들은 돈을 많이 벌고 크게 출세하는 걸 성공이라고 생각한다. 그런가 하면 어떤 사람들은 어디에 얽매이지 않고 자유롭게 살 수 있는 걸 성공이라고 한다. 사실 성공에 대해서는 각자의 생각대로 수많은 정의를 내릴 수 있을 것이다. 그렇지만 결국 한 가지의 공통점은 바로 자신이 원하고 소망하던 바를 얼마나 성취했는가일 것이다.

사람 대부분은 어떤 식으로든 성공하고 싶어 한다. 임원으로 승진하기를 바라고, 멋진 차와 근사한 집, 권력, 인맥 등등을 갖고 싶어 한다. 그렇지만 성공을 원한다는 사람들 대부분 자신이 정확히 무엇을 이루고 싶어 하는지 목표가 선명하지 않다. 그저 애매하기만 하다. 그리고 이를 달성하기 위한 구체적인 계획도 없다.

그렇게 아무것도 이루지 못한 채, 나중에 빠르게 흘러간 시간에 대해 아쉬움과 후회를 남기게 된다. 시간이 조금 더 있었기를 바라지만 시간이 더 생겼다 한들 변하는 건 아무것도 없을 것이다. 분명히 또 미룰 것이기 때문이다.

필자가 처음 책을 써 출판하고 나니 모임에 나가면 종종 성공한 인물이라고 소개를 받는다. 그런 소개를 들으면서 나 스스로 자문해본다. 나는 정말 성공한 것일까? 아직 내가 이루고 싶은 목표의 목록이 많이 남아 있고 아직 시간이 좀 더 필요할 듯한데 과연 이렇게 소개를 받아도 되는 것일까?

이런저런 생각 가운데 내가 살아온 시간에 대해서 어떤 식으로든 중간 평가가 필요하다고 생각하게 되었다. 이 질문은 내게 뭔가를 깨닫게 해줬다. 사실 나이 때문에 한국에 있는 대부분의 학교 동기들은 이미 오래전에 모두 은퇴했다. 자기 사업을 계속 하는 극히 일부의 친구들만 나름의 사업을 운영하고 있을 뿐이다.

나는 지는 법을 배우지 않았다

필자는 늦은 미국 이민자로서 아직은 보험회사의 매니저라는 직책으로 현업에 있다. 미국도 시니어 제도가 있어 조금 물러나 시간상으로 더욱 여유 있게 일할 수가 있지만, 아직 그럴 생각이 없다. 아마도 건강이 유지되는 한 계속 일을 하지 않을까 생각한다.

이런 경우에 나의 성공은 과연 무엇일까? 내게 있어 성공은 결과보다 과정이다. 여행에 대한 나의 정의는 어떤 목적지에 도달하는 게 아니다. 어떤 여행을 계획 후에, 모든 준비를 마치고 드디어 차에 승차하는 것부터 바로 나의 여행이다. 바로 그 시간부터 지나가면서 보고 느끼는 모든 과정이 내가 원하는 여행을 만들어가는 것이다.

내 경우의 성공도 그렇다. 일상 가운데 만나는 사람들, 처리하는 일들이 바로 내게 성공의 소재들이다. 이로 인해 갖는 모든 성취감이 바로 나의 진정한 성공이다. 내게 성공이란 어떤 큰 결과보다는 과정 중에 만나는 기분 좋은 '느낌'들이다.

이런 성공의 느낌을 가장 크게 느낄 수 있었던 것은 바로 책을 쓰고 출판한 일이었다. 비록 지난날 나의 아픔과 생각들을 글로 적어낸 것이지만 이런 것이 책으로 묶여 세상에 나온 사실은 어디에도 비길 수 없는 즐거움이다. 더욱이 그 책들을 읽고 힘이 되었다는 독자의 연락을 받으면 비로소 내가 세상에 존재하는 이유로까지 생각하게 된다.

이런 즐거움은 돈이나 출세로도 얻기가 쉽지 않다. 이렇게 성공이란 것을 자신의 존재에 대한 기분 좋은 감정에 초점을 맞출 수 있다면 세상에는 성공한 사람들이 얼마든지 넘치게 될 것이다. 성공은 결국 남이 이루어주는 게 아니라 바로 내가 만드는 것이다.

마틴 베레가드의 이야기

『죽어라 일만 하는 사람은 절대 모르는 스마트한 성공들』을 쓴 마틴 베레가드는 하루 3시간씩 자며 일에만 매달리던 맥킨지의 컨설턴트였다. 늘 활력이 넘쳤던 그가 자주 피로감을 느꼈고, 높은 연봉으로 기대했던 여유로운 생활은 점점 멀어졌다.

하지만 그렇게 잘나가던 그가 어느 날 출장 차 머물던 호텔 복도에서 그만 쓰러져버리고 말았다. 이 일로 베레가드는 자기의 인생이 어딘가 잘못 돌아가고 있다는 생각을 깨닫게 되었다. 바로 그건 장차 확실치도 않은 풍족한 미래를 위해 죽을 듯 일해야 하는 그때까지의 성공 방식에 의문을 품은 일이다.

그런 생각으로부터 그는 업무적으로 확고하게 자리를 잡고 성공하면서도 건강과 행복을 미루지 않는 삶이 가능하다는 결론을 얻게 됐다. 그리고 그는 자신의 삶과 가족이나 친구와 같은 개인의 생활을 우선순위에 두면서도 업무적으로도 최고의 성과를 내는 회사를 만들어낼 수 있었다.

그는 이러한 자신의 성공이 자신에게만 가능한 것이 아니라 누구나 할 수 있는 것이라는 사실을 증명하기 위해 책의 공저자 조던 밀른과 함께 2년간 많은 세계 리더들과 기업가들을 만나 인터뷰를 했다. 특히 이 책에는 자기 인생의 행복도 포기하지 않았으면서도 빈손으로 세계 최고의 기업가가 된 25명을 모델로 선정해 행복하게 살면서도 성공하는 방법을 담았다.

이들 리더들은 주 35시간 이상 일하지 않으면서도 훨씬 더 큰 업무 성과를 내고 있고 또 저녁에는 가족과 함께 식사하는 것을 당연하게 생각하고 있다. 그뿐만 아니라 자신의 에너지를 재충전하는 데 충분한 시간을 쓰고, 가족 친구들과 틈틈이 세계를 여행하면서도 업계의 판도를 좌지우지할 정도의 영향력을 가지고 있다.

그가 말하는 자유를 누리면서 즐겁게 일한다는 것은 어떤 일을 하느냐보다는 일하는 방식을 바꾸는 것이다. 아침에 일어나면 그날 해야 할 일을 생각하고 결정한다. 그리고 하루의 할 일을 다 마치고 나면 일에 관한 생각을 다시는 하지 않는 것이다.

그는 사람들이 집에 돌아와서까지 일에서 벗어나지 못하는 것은 일의 양 때문이 아니라 내일에 대한 걱정 때문에 부담스러워하는 것이라고 지적한다. 그렇게 되면 일은 더욱 많아지고 시간적 여유는커녕 마음의 여유도 잃게 된다.

사소한 일이라도 당일에 해야 할 일의 리스트를 만들 수만 있다면 저녁에는 가족과 함께하는 시간을 가질 수 있다고 충고하고 있다.

"조금 더 준비하고 실험하며 최소한의 여유와 행복을 포기하지 않아야 스마트한 성공을 거둘 수 있다."

－『죽어라 일만 하는 사람은 절대 모르는 스마트한 성공들』(마틴 베레가드)

나는 지는 법을 배우지 않았다

05

하지 않는 것이지
못 하는 것이 아니다

어느 고교 친구 이야기

고등학교 3학년에 올라가면서 친구 중에 이변을 만든 친구가 하나 있었다. 학교에 입학해서 계속 한 반에 함께 있던 친구였는데 2학년 말까지의 그의 성적은 중하위권으로 주먹도 쓰고 좀 놀던 친구였다.

당시에 우리가 입시 공부하던 방법은, 2학년을 마칠 때까지는 주로 영어나 수학 등의 이해과목에 집중해 공부를 마쳤다. 3학년이 되면 영어나 수학 등을 붙들고 있을 시간이 없기 때문이다. 그리고 3학년 때는 꽤 많은 암기과목에 집중하는 방법을 택했었다.

당시만 해도 내신성적이라는 제도가 없어 학교의 성적보다는 자신들이 지망하는 학교에 따라 과목을 정해 전략적으로 시험공부를 할 수가 있었다. 성적이 낮아 대학으로의 진학 자체가 급한 아이들은 3학년 말에 치르던 대입예비고사의 준비가 더 급했다.

그런데 이 친구는 3학년이 되면서 성적에 변화가 생기기 시작했다. 바닥에 있던 그의 성적이 중간시험이 끝나면 벽에 붙던 성적표에 석차가 큰 폭으로 쭉쭉 올라가고 있었다.

언젠가 그에게 어떻게 공부를 하느냐고 물었다. 그는 영어나 수학과 같이 시간을 요구하는 과목의 공부는 아예 포기를 했다고 대답했다. 대신 암기과목에만 집중한다고 이야기했다. 그리고 일단 대학에 진학하는 게 목표라는 말도 했다.

놀랍게도 연말에 그의 성적은 전체의 상위권 안에 들어가 있었다. 나중에 어떤 대학으로 갔는지는 연락이 끊어져 알지는 못하지만 분명 자기가 원하는 목표를 이루었을 것이다.

당시 내 어린 마음에 '전략'이라는 개념을 처음 생각하게 만든 사건이었다. 그는 고등학교의 첫 2년 동안 자기가 하고 싶은 모든 걸 신나게 다해 본 친구였다. 그야말로 공부에 담을 쌓으면서까지 원 없이 놀았다. 그렇지만 일단 공부를 하겠다는 마음을 먹게 되면서부터는 그 짧은 시간에 또 공부라는 목표도 해냈다. 영어, 수학이 좀 밀렸겠지만, 인생에서 그건 중요한 건 아니다.

지금도 그를 생각하면 뭔가 도전 의식 같은 느낌이 올라온다. 무엇이 그에게 그런 순식간에 공부하려는 마음을 먹게 했는지 모르겠지만, 학교 공부 같은 건 마음만 먹으면 얼마든지 바꿀 수 있는 것이다. 그와 함께 놀던 친구 중에서 그처럼 변화된 친구는 거의 없었다. 유독 그에 대한 기억만 인상 깊게 남아있다.

세상일도 마찬가지 같다. 누구나 다른 목표를 갖고 살겠지만, 전략에 따라 마음만 바꾸면 사람에게는 누구든지 해낼 능력이 있을 것이다. 단지 하지 않기 때문이다. 사람마다 자기가 따라 하기 버거운 영어나 수학 과목과 같은 일이 있을 것이다.

만약 친구가 3학년이 되어 성적을 올리겠다고 작심하고서 암기과목 대신에 시간이 필요한 두 과목에 매달렸다면 아마도 원하는 결과는 얻기 어려웠을 것이다.

그를 생각하면 누구나 뭐든 원하는 걸 할 수 있겠다는 생각이 든다. 단지 하지 않을 뿐이다. 지금 필자가 일하고 있는 미국의 보험영업 분야도 같다. 좋은 성과를 낼 수 있는 사원들이 많지만 일을 제대로 하지를 않는다.

조금만 전략을 바꾸면 탁월할 텐데도 태도의 변화가 없다. 마치 없는 시간에 영어, 수학에서 성적을 올리려는 사람들 같다.

필자는 늦게 영업에 입문했기 때문에 많은 경험을 할 시간이 없었다. 그래서 영업 관리로 경력을 바꿀 기회를 얻자 내가 가장 좋아하는 업무가 되도록 팀을 설정했다. 그것은 내가 미처 쌓지 못한 경험들은 다른 인재들과 협업하기로 한 것이다. 마땅히 나의 수익은 그들과 배분하는 포맷으로 업무를 수행하고 있다.

영업사원들을 관찰하다 보면 각자의 특징이 뚜렷하다. 어떤 사람은 대인 관계가 뛰어나 약속을 잘 잡지만 계약에 이르는 상담 등의 실무에 약해 실적이 저조하다. 반면에 다른 사원은 클로징을 잘하지만 대인 관계의 폭이 좁아 정작 사람들 앞에 나가 앉는 것 자체에 어려움이 있다.

이런 경우 두 사람이 서로 잘 조합을 하면 각자는 자기가 좋아하는 것만 하면서도 업무를 잘 이끌어갈 수 있는 것이다.

불위야 비불능야(不爲也, 非不能也)

맹자는 '불위야 비불능야(不爲也, 非不能也)'라고 말했다. '하지 않는 것이지, 하지 못하는 것이 아니다.'라는 의미이다. 우리 자신을 돌아보면 살면서 쉽게 어떤 일을 포기한 경우가 있을 것이다. 포기할 수밖에 없었던 이유가 분명 있을 것이다.

하지만 돌아보면 우리가 포기해버린 그 일들이 모두 불가능한 일은 아니었을 것이다. 대부분은 분명히 똑똑하고 재능이 있는 사람들인데도 자신의 힘을 스스로 비하하여 생각하거나 말하고 행동한다.

충분히 능력을 갖추고 있음에도 자신의 열등감에 사로잡혀서 자기가 원하는 목표로 가지 못하도록 자신을 막아버린다. 지금 되돌아보면 학창 시절에는 그렇게 두각을 내보이지 않던 친구들이 막상 사회에 나와서는 놀랄 만한 중요한 일들을 하고 있음을 어렵지 않게 볼 수 있다.

이런 성공을 자세히 살펴보면, 우리가 공부할 때는 세상에서 가장 중요하게 생각하던 것이 성적이었지만 결코 세상 전부가 아님을 분명히 보여주고 있다.

그렇다면 지금 과연 무엇이 진정 중요한지를 다시 생각해볼 수도 있을 것이다. 어떤 문제를 바라보는 해결책은 지금 우리가 좌절하는 그것이 아니라 분명히 또 다른 방법이 있는 것일지도 모른다. 그리고 그 방법은 어쩌면 우리가 지금 가장 잘할 수 있는 것인지도 모른다.

실력이 뛰어났음에도 늘 실적이 저조했던 어떤 실내장식 디자이너가 있었다. 생각 끝에 그녀는 자신의 실패를 다른 방식으로 풀어볼 생각을 해보았다. 그리고 자신의 고객들에게 프로페셔널한 느낌을 주면서도 자연스러운 스타일을 존중할 수 있는 방식을 취해 전달했다.

은은한 향수와 함께 복장을 갖추고 또 그에 맞춘 액세서리를 착용하자 그녀의 실적은 전보다 30% 이상 증가하게 되었다. 바로 이미지의 힘을 사용해 눈앞에 닥친 벽을 통과한 것이다.

아직 세상에 보여주지 못한 자신의 능력에 대해 생각해 볼 수 있으면 좋겠다. 그리고 아주 작은 것이라도 행동으로 어떤 변화를 만들어보기 시작하면 자신감과 힘을 깨달을 수 있게 될 것이다.

혹시 그러다 감정적인 불협화음이 느껴지면 잠시 멈춰서 그런 자신을 조용히 응시해보기 바란다. 의외로 간단하게 본래의 자신으로 돌아올 것이다.

굳이 기분이 좋지 않은 이유를 파악하려 하지 말고 자기 생각을 건강하고 행복한 곳으로 끌어올리는 데 집중하다 보면 마음이 평안하게 될 것이다.

06

행동하지 않는 자는
잡초로 가득 찬
정원과 같다

일을 미루는 사람들

말보다는 실천이 먼저다. 아무리 성공할 좋은 기회가 있어도 행하지 않으면 그것은 허상과 망상일 뿐이다. 성공한 사람들은 다름 아닌 자기 생각을 실행에 옮긴 사람들이다.

시작은 늘 어렵다. 어떤 새로운 일을 시작하기 위한 완벽한 타이밍은 아마도 존재하지 않을지도 모른다. 그렇게 무언가를 새롭게 시행하는 일은 안전

지대를 벗어나는 시도다. 이에는 늘 방해 요소가 존재하고 또 자칫 그에 따른 고통도 경험하게 될 것이다. 그래서 어려운 상황을 미루고 싶어지는 건 아마도 인지상정일 것이다.

일을 미루는 건 조금 더 철저히 준비하여, 있을지도 모르는 부담을 줄이려는 마음일 수도 있다. 만약 그게 아니라면 너무 두려운 나머지 어떻게든 피하고 싶어서일 수도 있다. 그러나 준비라는 핑계로 시행을 미룬다면 정작 가장 중요한 성공의 기회는 영영 사라져버릴지도 모른다.

매사에 완벽을 노리려 한다는 말은 자칫 행동을 지체시켜 미루는 것을 정당화하게 하는 가장 좋은 구실이다. 어떤 일에도 완벽은 존재하지 않는다. 완벽하게 하려 함은 단지 우리가 당연히 해야 할 행동을 억제하게 만들고 그렇게 계속 미루다 보면 침체 상태에 이르게 된다.

이런 완벽주의적 태도는 보통 다른 이들의 기대와 관련이 있다. 그들을 만족시키기 위하여 완벽하게 하고 싶은 욕심이 작동하는 것이다. 그래서 만약 완벽하게 할 수 없을 바엔 차라리 하지 않는 게 더 낫다고 생각하는 것이다.

이런 불필요한 완벽주의는 리스크를 감당해야 하는 일 앞에서 우리를 계속 주저하게 만든다. 행동해서 얻어야 할 무언가를 방해하고 차라리 비난을 피해 안전하게 보이는 곳에 그냥 머물게 하는 것이다. 그래서 데일 카네기는 다음과 같이 말했다.

"행동하지 않으면 의심과 두려움이 자란다. 그러나 행동을 시작하면 자신감과 용기가 커진다. 두려움을 극복하고 싶다면 가만히 앉아서 생각만 하지 마라. 밖으로 나가서 바쁘게 움직여라."

미루는 버릇은 바로 마지막 순간까지 실행을 연기하는 것이다. 심리학자인 닐 피오레는 『내 시간 우선 생활 습관』이라는 책에서 재미있는 관찰을 소개하고 있다. 그는 논문을 1~2년 만에 끝내는 사람들은 논문을 쓰는 데 3~13년 걸리는 사람들보다 훨씬 더 바쁜 삶을 살고 있음을 알게 되었다.

논문을 빨리 끝내는 사람들은 인간관계나 자신들이 참여하는 행사도 훨씬 다양했다. 일을 많이 하면서도 다양한 취미 생활을 하고 있었다.

반면에 논문을 쓰는 데 오래 걸리는 사람들은 뭐든 항상 힘들어하고 있었다. 그들에게는 일해야 한다는 생각만 머리에 가득 차 있었다. 당연히 일에 대한 집중도도 현저히 떨어져 있었다.

일반적으로 일을 미루는 사람 대부분 자존감이 낮다는 점도 나타났다. 이들은 어떤 일의 결과가 실망스러울 때 자신의 능력이 부족해서 그렇다는 것보다 미룬 것을 탓하는 게 모양새가 더 낫다고 생각하는 것이다.

Just do it!

나이키 광고 문구에 있는 말이다. 이 말은 나이키에서 30년 이상 사용되던 슬로건으로 어느 사형수의 말에서 비롯된 것이다. 하지만 우리의 해석은 그냥 아무런 생각 없이 그냥 시작하라는 뜻이다. 이것저것 미리 생각해서 고민하지 말고 용기를 내어 그냥 도전하라는 뜻이다.

어떻게 보면 이 말은 일의 완결보다는 시작 자체를 목표로 삼는 것이다. 일단 어떤 일이든 시작만 하면 나름대로 흘러가는 것을 경험했을 것이다. 또 일단 시작함으로써 심리적으로도 목표에 대한 부담이 줄어드는 것을 알 수가 있다.

만약 어떤 계획을 세우고도 실행하지 못하는 경우라면 자신을 둘러싸고 있는 환경을 살펴볼 필요가 있다. 어쩌면 긴장감 없이 너무 편하기 때문일지도 모른다. 그 편함 때문에 집에서 일이나 공부하다가 실패하는 경우가 많다.

이럴 때는 남들 시선도 의식해보고 함께하는 분위기로 환경을 바꿔보는 것이 좋다. 만약 글을 쓰거나 공부하려면 도서관이나 카페를 이용해 보라. 그렇게 어울리는 분위기에 들어가 일을 하는 것이 훨씬 효과적이고 효율적인 방법이다.

또 사람은 혼자서는 실행 약속을 지키기 어렵다. 누군가와 파트너로 함께 일을 할 때 시너지효과를 기대할 수 있다. 혼자서 하게 된다면 중간에 포기하기 쉽겠지만 함께 하는 사람이 있다면 포기가 쉽지 않다.

함께 움직일 땐 각자의 일을 수행하면서 나타나는 문제점을 수시로 공유하면 의외로 쉽게 해결책도 찾을 수 있다. 무엇보다도 서로 격려할 수 있는 이점이 크다.

일을 진행할 때는 반드시 목표로 하는 타임라인을 정하는 것이 좋다. 그렇게 해야 일이 계속 지체되는 것을 막을 수 있다. 마감 기한은 사람을 움직이게 하는 중요한 동기부여가 된다. 반드시 시간 계획을 계획 단계에서 설정해야 한다.

"세상을 움직이고 싶다면 자신을 먼저 움직여라."

소크라테스의 말이다. 지금 업무의 모든 부문에서 인재가 부족하다고 아우성친다. 자리에 맞는, 제대로 된 인재를 만나지 못해 비어 있는 자리들이 많다는 뜻일 것이다. 사람은 많아도 정작 필요한 요소를 갖춘 사람이 부족하다는 의미다. 그 중요 요소는 다름 아닌 행동하는 능력이다.

혹시 망설이고 있거나 계속해서 미루고 있는 일이 있다면 바로 지금 행동으로 옮겨보기를 권한다. 처음에는 어렵지만 행동으로 옮기는 동안에 어떻게 해야 할 것인지 길이 나타나고, 생각했던 것보다 훨씬 더 멋진 결과를 보게 될 것이다. 그것이 바로 행동하는 자들이 누리는 보람이다.

07

믿음으로
걸어라

원하는 자신의 모습 만들기

지금까지 살아오면서 후회되는 것 중 하나는 쓸데없는 걱정을 하면서 보낸 시간들이다. 주로 아직 닥치지도 않은 일에 괜히 마음 졸이고 쓸데없이 불안과 걱정하는 일이 많았다. 모든 것이 잘되어 가는 중에도 괜히 좌불안석이 되는 때도 있었다. 나중에 보면 이런 불안하게 했던 일들이 실제로 일어난 적은 극히 드물었다.

그런가 하면 '사람들이 나를 어떻게 생각할까?' 하는 생각에 빠진 적도 많았다. 혹시 좋지 않은 뒷말이라도 듣게 되면 온 세상이 다 꺼진 듯이 절망에 빠진 적도 있었다. 그런 말을 한 사람이 누구든 상관없이 그저 남한테 늘 칭찬만 받고 싶어 하는 자신이 얼마나 무모한지 깨닫는 데만도 시간이 오래 걸렸던 거 같다.

이런 걱정은 건강에도 좋지 않다. 걱정으로 인해 일이 잘되는 법은 결코 없을 뿐 아니라 우리의 정신에도 전혀 도움이 되지 않는다. 걱정이란 것은 아무런 능력이 없지만, 우리가 계속 걱정을 한다면 그런 심리상태가 정말 제대로 해야 할 일을 그르치게 만들어 오히려 낭패를 보게 할 수도 있다. 정말로 다른 불필요한 걱정거리를 만드는 것이다.

특히 사람들과의 관계에서 더욱 그렇다. 혹시 내가 말실수를 한 것은 아닐까, 혹은 내가 그를 기분 나쁘게 만든 건 아닌가 하는 것과 같은 걱정들에 사로잡혀 밤잠을 설치고 결국은 인간관계를 망친다. 타인의 시선에만 신경을 쓰느라 정작 진정한 나의 모습은 잊고 만다.

이런 쓸데없는 걱정이나 염려할 시간이 있다면 차라리 조금이라도 나 자신에게 보람이 될 수 있는 생각을 하는 것이 바람직하다. 진정한 나의 행복을 위해 뭐라도 하는 게 낫지 않을까 생각한다. 바로 자존감을 회복하는 일이다.

이것만 회복된다면 우리는 굳이 세상의 인정이 필요하지 않다. 스스로 필요한 모든 것은 이미 자신 안에 다 가졌기 때문이다.

작더라도 일상에서 내가 잘한 점을 찾아내어 인정해주는 연습은 너무 보람될 것이다. 그러면서 자존감이 점점 쌓여가는 것이다. 되지도 않는 남의 인정을 기대해, 거기에 올인하기보다는 나 자신에게 더욱 집중한다면 나의 세상은 충분히 아름다워질 것이다.

내게 어떤 어려움이 닥쳤을 때, 비록 당장은 힘들 수 있지만, 한 발 뒤로 물러서서 자신을 객관적으로 바라보기를 권한다. 그러다 보면 정말 매직 같은 일이 일어날 수 있다. 그런 때야말로 정말 기적 같은 변화가 일어날 기회이다. 세상의 귀한 역사는 모두 그런 과정을 통해 만들어졌음을 기억해야 한다.

어떤 이유로든 자신이 당장 어려움을 겪더라도 그에 너무 연연해할 필요가 없음을 기억하라. 때가 되었기 때문에 일어난 것뿐이다. 물론 자신의 잘못이나 실수가 먼저 보이더라도 그런 걸 믿을 필요가 없다. 중요한 점은 만약 그상황을 잘 견디어 낸다면 다음에 더 좋은 무언가가 새로 열리게 된다는 사실이다.

발전은 바로 이런 과정을 통해 한 단계씩 진행된다. 오프라 윈프리가 말한

나는 지는 법을 배우지 않았다

대로 '사람이 무엇을 해냈는지로 평가받지 않고 있는 그대로의 모습만으로도 충분한 세상이 되는 것이다.

내가 보는 만큼 열리는 세상

지금 우리가 보는 세상은 사실 이미 과거에 모두 그려져 있었다. 생뚱맞게 지금 나타난 걸로 생각하면 큰 오산이다. 지금의 모든 모습은 어디서 뚝 떨어진 게 아니다. 바로 우리가 이전에 뿌렸던 생각을 그대로 거두는 것이기 때문이다. 마찬가지로 지금 우리의 머릿속에 있는 생각은 곧 우리 앞에 나타날 것이다.

생각은 곧 씨앗이다. 우리가 생각 가운데 보고 있는 것들은 현재의 시간에 심어져 자라다가 때가 차면 우리의 눈앞에 보인다. 그래서 우리의 생각이 중요한 것이다.

전에 이런 사실을 몰랐을 때는 되는대로 아무거나 생각하면서 시간을 보냈다. 서운한 일이 생기면 서운한 생각에 감정까지 듬뿍 담고 살았다. 누가 미우면 역시 그 생각을 머릿속에 가득 채웠다. 하나도 거리낄 게 없었다. 그뿐만 아니라 우리의 얼굴에도 그런 느낌을 가득 담은 채 세상을 바라보았다.

그런데도 우리는 눈앞에 보이는 현실에 대해 '도대체 왜 이런 일이 내게 일어나는 거지?' 하는 표정으로 마냥 억울해했다. 우리가 지난 시간에 심어놓았던 씨앗들로 인한 것임을 이해의 부족으로 미처 깨닫지 못했다.

현재에 충실히 산다는 것은 정말 중요하다. 할 수만 있다면 우리는 나쁜 생각들로부터 힘을 다해 달아나는게 좋다. 설사 기분 나쁘고 부정적인 기분이 들어도 힘을 다해 밝은 마음으로 회복해야 한다, 바로 그런 나쁜 생각들이 우리도 모르는 사이 점점 자라서 조만간 나타나게 될 것이기 때문이다.

설사 아무리 기분이 나빠도 연습만 되면 정상적인 밝은 상태로 회복하는 일은 그리 어렵지 않다. 생각만 조금 바꾸면 순식간에 기분도 바뀌기 때문이다. 걱정이 떠오르면 잠시 숨을 고르고 전에 즐거웠던 생각을 해보라. 효력이 있을 것이다.

우리의 생각을 관찰하다 보면 우리가 어떤 마음인지 알 수가 있다. 이런 관찰법은 우리의 생각하는 방식을 바꾸는 좋은 방법이다. 만약 우리의 기분과 행동에 변화를 줄 수 있다면 세상은 우리가 원하는 모습으로 나타나게 된다.

얼마든지 선한 씨앗을 뿌릴 수가 있기 때문이다. 그러면 부정적인 과거가 내게 문제가 되지 않을 것이다.

나는 지는 법을 배우지 않았다

밝은 미래를 보고 싶다면 행복한 마음과 느낌을 심으면 된다. 부정적인 생각과 감정들을 단호히 거절하고 현재의 소확행, 소소하더라도 확실한 행복에 집중하는 것이다. 이것은 우리에게 다가올 미래를 풍요롭게 만드는 분명한 방법이다.

오늘부터 삶을 바꿔보겠다고 마음만 먹어도 많은 변화가 생길 것이다. 세상은 내가 마음먹은 대로 그 모습을 보여주기 때문이다. 그리고 그런 시도는 생각만큼 그렇게 어렵지도 않다. 그저 마음먹기에 달렸기 때문이다. 그리고 그 효과는 매우 빠르게 나타날 것이다.

우리 생각을 조금만 바꾼다면 이미 전혀 다른 세계가 우리 앞에 열려 있는 것을 발견하게 될 것이다. 그 세계의 온전한 주인은 누구도 아닌 바로 우리 자신임을 인정하기만 하면 되는 것이다.

'도대체 왜
그렇게 살고 있지?'

필자가 현재 일하고 있는 미국의 보험 영업 부문에서, 20년 가까이 매니저로 일하는 동안 많은 사람을 만나며 품은 질문 하나가 있다.

'도대체 왜 그렇게 살고 있지?'

도무지 이해가 안 되는 것은 이렇게 좋은 기회의 땅에서 살고 있으면서도 자신의 꽃을 피우지 못하는 사람들이 너무나 많다는 사실이다. 앞서 한 질문은 바로 그들을 향한 것이다.

필자는 지난 세월, 4개 나라에서 살았다. 한국, 뉴질랜드, 호주, 미국. 이민자로 산다는 건 기득권을 포기하고 모든 걸 다시 시작해야 한다는 뜻이다. 한국을 떠나 3개국에서 살았으니 세 번 새로 시작하는 경험을 쌓은 것이다. 그렇다면 이게 끝일까? 물론 그러고 싶지만, 아직은 모를 일이다.

지금 마지막 도전은 이민이 아니라 책 쓰기이다. 이제 네 권의 책을 마치고 또 다섯 번째 여행을 떠날 준비를 하고 있다. 책을 쓰면서 배운 사실 하나는 내가 너무도 많은 기회를 누리고 있다는 사실이다.

내가 책을 쓸 수 있다는 사실을 알게 되자 많은 스토리들이 지면을 빌어 살아났다. 아마도 내가 그동안 여러 나라를 돌아다닌 것은 아마도 내게 맞는 기회를 찾아서였는지도 모르겠다.

이번 책을 통해 갖는 기대는 독자분들이 자신의 진정한 기회를 찾을 수 있으면 좋겠다는 것이다. 다시는 지는 게임이 아닌 이기는 게임을 하기를 바란다.

우리는 지는 법을 배운 적이 없음에도 이미 다 진 사람처럼 살고 있음을 깨닫기를 바란다. 아마도 이 책을 읽은 분들이라면 무슨 뜻인지 짐작하리라 믿는다.

모든 것은 그저 자신이 마음을 먹고 선택하면 되는 일이다. 미리 예단하여 포기하지 말고 그냥 그렇게 하겠다고 생각하자. 길이 자연스레 나타나는 기적을 보게 될 것이다.

세상에 눈을 두어 쓸데없이 좌절하기보다는 아름다운 자기만의 세계를 찾아 행복을 누리는 축복받은 삶을 살아가기를 기원한다.

"성공은 '배우는 것'이 아니라 '하는' 것이다."